铁路人生

——蔡庆华口述做人做事

蔡庆华　口述

田永秀　整理

西南交通大学出版社

·成　都·

图书在版编目（ＣＩＰ）数据

铁路人生：蔡庆华口述做人做事/蔡庆华口述；
田永秀整理. 一成都：西南交通大学出版社，2019.3
（铁路建设者口述访谈录）
ISBN 978-7-5643-6796-1

Ⅰ. ①铁… Ⅱ. ①蔡… ②田… Ⅲ. ①蔡庆华－访问
记 Ⅳ. ①K825.38

中国版本图书馆 CIP 数据核字（2019）第 053812 号

TIELU RENSHENG

铁路人生
——蔡庆华口述做人做事

蔡庆华　　口述
田永秀　　整理

责 任 编 辑	罗爱林	
封 面 设 计	严春艳	
	西南交通大学出版社	
出 版 发 行	（四川省成都市金牛区二环路北一段 111 号	
	西南交通大学创新大厦 21 楼）	
发行部电话	028-87600564　028-87600533	
邮 政 编 码	610031	
网　　　 址	http://www.xnjdcbs.com	
印　　　 刷	成都勤德印务有限公司	
成 品 尺 寸	150 mm × 220 mm	
印　　　 张	16	
字　　　 数	180 千	
版　　　 次	2019 年 3 月第 1 版	
印　　　 次	2019 年 3 月第 1 次	
书　　　 号	ISBN 978-7-5643-6796-1	
定　　　 价	98.00 元	

ISBN 978-7-5643-6796-1

定价：98.00元

采访题记

　　2016 年 7 月，我受学校委派，带着课题组的特别使命，赴北京拜会了从京沪高速铁路有限责任公司董事长岗位退休不久的校友，原铁道部副部长蔡庆华。

　　蔡老虽然退休了，但依旧在忙碌着，他还担任詹天佑科学技术发展基金会理事长；他要收集整理我国高速铁路建设方面的珍贵史料，整理多年以来在不同岗位上工作的有关资料；他还应邀参加有关方面的活动……他说，他想在身体还好的时候再做些力所能及的事情。

　　即便蔡老再忙，但当听说我来自他的母校，并且带着母校的课题而来，便欣然接受了我的采访，认真听取了我们的想法和要求。怀着真挚的情感，他耐心细致地向我们介绍了他在校时以及工作生涯中的有关情况，流露出对母校的无比眷恋。

　　通过他对成长历程中做人做事的口述，我们印象最深刻的是蔡老的踏实勤勉。他幼承庭训："做事要实，做人要诚。"父亲的这句话就成了他的人生准则：在学校时，他踏踏实实学知识，诚挚对待老师和同学；毕业分配到基层任技术员时，他反复核实各种技术数据，一丝不苟，务求百分之百正确；后来做段长、副处长、局长助理、副局长时，他都会将自己负责的线路全部走一遍，全盘了解情况，做到胸有成竹；到铁道部政治部工作，他深入基层调研，摸清实际情况，组织制定的《铁路企业支部建设纲要（试行）》和《党支部书记岗位职务标准》，作为铁路党支部建设依据一直沿用了几十年；任职铁道部副部长后，他主管铁路基建，多数时间都在工地检查指导工作；负责京沪高铁建设时，他年过花甲，仍然坚持经常前往京沪高速铁路工地与建设者们共同奋战。他从一位贫寒的农家子弟，一步一个脚印，走出了一条至实至诚的人生道路，成长为中国铁路的建设者、技术专家和高级管理者。

　　蔡老性格爽直，是一位可亲可敬的"铁路人"。他在口述自己的做人做事经历时，处处充满着对中国共产党的感恩，对事业的热忱，对同事朋友和后辈的爱护之情，始终传递正能量，体现了一个老共产党员应有的坚定的政治信仰，认真负责的工作作风，刚正不阿、廉洁奉献的坦荡胸怀。他的经历和作为，尤其是对我国铁路建设所做出的贡献，对我校广大师生、对年轻一代的成长定会产生积极的影响。

西南交通大学

田永秀

2018 年 6 月 15 日

目录
Contents

九、京沪高速铁路的委托运输和效益

十、关于铁路改革和走出去

十一、我的人生体验

一、童年记忆

家乡历史很厚重

我出生在河南永城，原来叫永城县（现为永城市），因为进入了百强县行列，于 1996 年撤县设县级市。永城地处豫、鲁、苏、皖四省接合部，素有"豫东门户"之称。永城在中华人民共和国成立前曾经划归过皖北行署。我小时候，记得土地证上的落款还是皖北行署。中华人民共和国成立后，1952 年年初，行政区变化时又回归河南省商丘专区管辖。抗日战争时期，这里曾是新四军的活动范围，彭雪枫将军就在这里打过游击，当地还流传着他的不少佳话。彭雪枫牺牲后，1945 年永城县曾经改为"雪枫县"，以纪念彭雪枫将军。据了解，淮海战役结束后不久，县名又恢复为永城县。我曾经给别人这样介绍我的家乡永城县的地理位置：四面八方的四面是安徽，八方中的七方还是安徽，只有西北一方是河南。永城的北面是安徽砀山县；西面是安徽亳县（今亳州市），也就是华佗、曹操的故里；南面是安徽的涡阳县；

东面是濉溪县，产"口子窖"酒的地方；东北方是萧县；东南方是宿县；只有西北方是河南的夏邑县。看河南省地图，东边有一个出来的角，也就是最东边上的那个地方就是永城。

从我家骑自行车出发，不到两个小时就能到安徽，再走一个多小时就到了江苏，再走一段就到了山东。所以就有骑自行车一天可以走四省之说。我回老家大多是在徐州车站下车，乘坐一个多小时公共汽车穿过安徽就到了。永城县城到徐州、到商丘都是100千米左右，永城就位于这个等腰三角形的顶点上。

永城历史深厚，据史料记载，永城县建于隋大业六年（公元610年），割彭城（徐州）和睢阳之郡的一部分组成。永城有四五千年的文明史，最古老的汉字——甲骨文中"酂""芒"等字就源于永城县境内地名。相传春秋末年，孔子由鲁去宋途中就曾经过县北边的芒砀山，在此避雨、晒书、讲学。秦末农民起义领袖陈胜就埋葬在芒砀山下，郭沫若先生还题写了墓碑。

永城是个农业大市，位于黄淮平原上。过去由于水利设施差，受洪涝灾害影响大，粮食产量低，农业不发达，农村落后，农民生活水平不高。永城的面积有2000多平方千米，1961年我离开家乡去上大学，那时才70多万人。据市领导介绍，现在全市有157万人以上。

永城地下资源丰富。改革开放以来，永城经济发展很快。永城的支柱产业有"一黑一白"之说。

"黑"指的是煤。在20世纪60年代，通过地质勘探，在永城地下发现优质煤储藏。改革开放后，永城在省、市委领导下，建立了省属的永城煤业集团，还有市属的神火集团。他们生产的煤主要供应给宝钢、武钢炼钢。煤质优良，低磷、低硫、低灰粉，高发热量，发热量在 6500 大卡（1 大卡 ≈ 4185.85 焦）以上。永城是全国六大无烟煤基地之一。永城市着力拉长煤产业链，建立发电厂和煤化工产业，增加产值，这也是永城市工业生产的支柱，故有"能源之都"之称。

"白"指的是面粉。永城历史上就以种植小麦为主。只是过去科技不发达，小麦产量低、质量差。我小时候一亩（1 亩 ≈ 666.67 平方米）地才产 100 多斤（1 斤 = 0.5 千克）小麦，到 20 世纪 70 年代也只有 200 多斤。现在科技发达，品种优质，小麦亩产 1000 斤以上，并且质量好。永城市是全国唯一的"中国面粉城"，也是全国粮油百强市，全国粮食生产先进市，国家现代农业示范区。全市的面粉生产企业 100 多家，年加工小麦 40 多亿千克。其生产的面粉色泽好、面筋度高、无残留农药。过去，每两年组织一次面粉节，现在改为中国（永城）面粉食品博览会，每两年在永城举办一次。所以永城又叫"面粉之城"。

在永城的北部有座芒砀山，这里是刘邦斩蛇起义的地方，所以永城又是"汉兴之地"。山中有汉梁王后陵，又被誉为"天下第一陵"；有被史学界称为"敦煌前之敦煌"的"四神云气图"；有再现刘邦当年斩蛇起义壮举的斩蛇园；有集汉代文物国粹于一园的汉博园，是国家 4A 级文化游览景区。

抗日战争时期，彭雪枫率新四军游击支队以永城为中心开辟了豫皖苏边区抗日根据地，开办了抗大四分校。解放战争的淮海战役也是在这里结束的。《毛泽东选集》第四卷《淮海战役的作战方针》的注释中讲"整个战役，共分三个阶段"，第三阶段，从 1949 年 1 月 6 日起，对青龙集、陈官庄地区被围的国民党军发起总攻，全歼邱清泉、李弥两个兵团，生俘杜聿明，击毙邱清泉，只有李弥逃脱。至此，规模巨大的淮海战役胜利结束。活捉杜聿明的地方就在永城县东北的陈官庄。那个地方离徐州比较近，后来建了淮海战役纪念馆、烈士陵园和纪念塔。

童年生活

我是典型的农民子弟。我父亲、母亲、哥哥都不识字。我没见过爷爷、奶奶，他们很早就去世了，他们更不识字。我家住在永城西北角太丘乡陈庄，据父亲讲我们的老家并不在这儿，他小时候跟着他母亲住在姥姥家。北方有个特点，穷人才去姥姥家住，如果自己家有生路就不会住姥姥家。

整个陈庄大多是姓陈的，只有我父亲这一家姓蔡。据我父亲说，在他十八九岁时（他是属龙的，出生于 1904 年）（1922年前后），我奶奶病得厉害，为了给奶奶看病，他到宿县去抓药。我家的东边是宿县宿州，但因为家里太穷，没钱抓药，当时正好冯玉祥在宿县招兵①，于是他便把自己给卖了，卖了 12 块大洋，给奶奶拿了药，叫别人捎家去，他跟着冯玉祥当兵去了。在北京南苑当了两年兵，冯玉祥的兵要拉到东北去跟张作霖打仗，他却得了伤寒病，军队都走了，他因为病了不能去，就被留下了。最后没人管他，他一路讨饭回到家乡。从这里也能看出来，他吃了不少苦。

我们家兄妹 6 个，我母亲生了 5 个孩子，连同我同父异母

---

① 1922 年 5 月—10 月冯玉祥任河南督军，10 月被调入北京任陆军检阅使，11月 10 日冯随其部队抵达北京南苑。冯玉祥在河南期间，进行了扩编，补充了其第 11 师的兵员和枪械，另外招了三个混成旅的新兵（见陈传海徐有礼编著：《河南现代史》，河南大学出版社 1992 年版，第 53-55 页）。蔡父就是此时当了新兵，随后到了北京南苑。

的大哥，4个男孩，2个女孩。大哥比我大14岁，我排行老二。三弟在小时候就过继给了我的堂伯父家。堂伯父家没有孩子，也不与我们住在一个庄上，他住在我们老家。1966年秋末，天开始冷了，当时大妹妹全身肿，痛得受不了。因农村医疗条件差，我大哥用架子车把她拉到公社卫生院打了一针，回到家就不行了，走时才刚刚13岁。老父亲讲，我大妹妹非常能干。我家兄妹都跟我一样骨架大、力气大，能干活。我母亲去世时，她才8岁，虽然年纪小，但家里的事情她承担了一大半，是典型的穷人家的孩子早当家。

大妹妹去世时我并不知道。因为"文化大革命"，虽然我们已毕业，但仍然留在学校。1967年春节过后，我徒步长征从韶山回到唐山，去峨眉取东西时，顺便回了一趟家，才知道大妹妹去世。为此，我大哭了一场。

穷人家的孩子，尤其是农村的孩子，从小就必须随大人干活，春天随大人去挖野菜；夏天、秋天要捡拾庄稼，拿不动锄头，就去割草喂牲口；冬天要拾落叶、树枝，作为家里做饭的柴火。童年和少年时代，我有两件事不会忘记。一件是淮海战役开始前，从我家西边开过来的咱们的部队（后来知道是中原野战军部队）住在我们庄上给大家讲，"老乡们你们走吧，要打大仗了！"他们借了全庄各户的门板在庄外挖好的沟盖上边，再回填上土。父母年纪偏大，不愿走，我和大哥就随庄上的乡亲往西走了10多里（1里＝0.5千米）地，在一个村子里，待了好几天。每晚都能看到东边先是闪电一样的光亮，接着就听到轰轰炮声。听说部队往东进发了，我们就回家了。队伍走前把门板又发还给各家。再一件是自我7岁起，在麦收季节帮家里收麦子。我们那里收麦子不是用镰刀割，为的是多收麦草作饲料，或用根部作草房的毡草；也很少用手拔，大多是大人用长把斜头铲子铲，妇女或小孩在前边抱，抱到用胳膊拦不住了，再放到旁边，继续抱。这个活一天干下来，腰都直不起来。一直到我上了高中，学校不放麦假（又称农忙假），而是集体去帮农民收麦子，才没回家抱麦子。童年的生活虽然苦，还要帮家里干农活，但那时不知忧愁。回想起来，也是别有滋味。

从我这一辈家里才有人开始上学，并且我上学正赶上全国解放，否则我肯定还是个文盲啊！我的名字为什么叫"庆华"？其实原来家里取的名字不是这个。淮海战役结束了，正好是中华人民共和国成立的时候，安定了，我们村是五六个自然庄组成的一个大村，几个有威望的人组织个校董会，孩子要上学啊！就把有点文化的人召集起来当老师，学校没有房子，就在离我们庄 1 千米地的一个村庄——侯河，利用地主的房子，建成了初级小学校。上学后一位老师给我起名叫蔡庆华。

从那个时候开始，我就深深地懂得，没有共产党我指定上不了学。因为我家里穷得不行，土地改革后才分了田地①。贫苦农民是受了共产党的恩惠的，所以说我和我的家人对共产党的感情是很深的。

幼承庭训

除了党的恩情之外，父母对我的影响也非常大。从小我就体会到了慈母严父。我父亲是很严厉的，如果犯了错或跟别人争东西，他肯定是先打我，先教训一顿，再问原委。再是小孩

---

① 河南永城县 1947 年解放，解放后，从 1947 年 10 月到 1948 年 3 月进行土地改革，平分土地。

不能讲究吃穿。父亲有几句话我至今不忘：第一，他说"吃亏人常在，能忍自安"，要能吃亏。与人交往，不吃亏你就没有朋友。这就是他对我的要求。他也是这样处事的，所以父亲的人缘非常好。第二，他说"做事要实，做人要诚"，还强调，"你可千万要注意这一点"。他给我讲他当年怎样困难，他说如果在北京不是因为老实，病着也无法从北京回来。因为他很老实，所以很多人愿意帮他。他说过："如果有可能，我想再回去走一遍，谢谢那些救我的人。"但是很遗憾，这个愿望一直没有实现，没有钱，时间久了，也记不清究竟哪些人帮助过他了。但是他一直说："你一定要注意这一点。"他还给我说了一句话："一定要记住帮过你的人，在你困难的时候帮过你的人，你不能报答人家，也要想法帮助别人。"我上中学的时候，家里困难，我们那里有一位姓张的副乡长，是个老革命，给了我2块钱，父亲一直记着这件事，他说："你永远不要忘。"那时（1956年），2块钱已经不少了。他说："不要忘了有恩于你的人。"父亲的教诲一直影响着我。

我母亲是个家庭妇女。因为生在旧社会，还裹着脚。家里的吃喝和我们兄妹的穿戴，全是她一手料理。直到我上大学前穿的还是母亲做的小口布鞋。我穿的袜子也是家里用棉线织的，母亲用布掌个底儿。穿的棉裤也是家里棉布缝的大裤腰型的，从左往右缅（折）起来，再用个布带子扎在腰上就可以了。

父母亲对我也有过物质激励。第一次是中华人民共和国成立不久，村里人议论要孩子们上学。那时我年纪小，虽然在家干点活，佴是与小伙伴一起也是自得其乐。父亲为了让我去上学，一天，他突然要带我去赶早集。到了集上，他问我想吃包子不。那是我们那里一种非常大众的小吃，用少量碎肉末和大量红薯粉条做馅，放在平底锅里煎出的水煎包。再给我配上一碗豆粥（大豆泡水后，用小磨磨成浆，煮成豆粥）。虽然跟父亲赶过集，但要他给我买煎包和豆粥那是不可能的。一是我家经济条件不允许，二是我家兄妹多，上有哥哥，下有弟弟妹妹，也不会单独给我买。老父亲看出了我的心思，花了500钱（折合现在的5分钱），还真的给我买了两个包子、一碗粥，对我说："吃吧！"我不假思索地趴在包子锅旁边的案板上狼吞虎咽地吃了下去，也不知道让父亲吃一点。现在回想起来，都感到非常惭愧和不懂事。等我吃完了站起来，老父亲问我："好吃不？"当然好吃，所以我随口说："好吃！"老父亲说："那好，从明天起，你去上学！好好上学，就有吃的！"这是老父亲在我上学前给我上的一堂"物质激励"的教育课。这是个叫我上学的笑话，也是我永远不能忘记的故事。第二次，是1955年，我考上中学的时候，老父亲鼓励我说："你考上中学了，我给你做个大氅。"大氅就是大衣。那时候我个头还不到一米五，大衣是用天蓝色的洋布（就是平纹布）做的，里子是家纺的粗布，当时穿上又大又肥。父亲说，你还要长个。到上大学时，家里就给拆洗染黑，在袖口接了一截，还当大棉袄穿着。这是父亲的奖励。

我的老家，虽然在黄淮平原上，但过去生产落后，加上交通又不方便，受自然条件的影响大，水旱灾害多，所以经济落后，老百姓的生活都比较艰苦。在这样的环境和家庭条件下，我从小就养成了自己动手做事，不与别人比吃穿，注意节俭的习惯。父亲也给我讲："小时候吃苦不是苦，能忍受住熬出来就好了。人到老了，受苦，那才叫苦。"这是有道理的：小时候吃点苦是磨炼，能激励你奋进、求上进、去改变，并能养成良好的习惯。人到老了，已丧失劳动能力，不知节俭，生活没来源，那才是苦！所以我经常给孩子们讲，小时候吃点苦、受点累、受点委屈，是锻炼，要学会珍惜。等到老了，就晚了。古语讲："少壮不努力，老大徒伤悲！"

现在的条件比过去好太多了，但是不能忘了过去。财富是人创造出来的，小小年纪讲吃讲穿不是好现象。我不能要求现在的孩子，包括我的孙子也像我小时候那样过苦日子，但我给他讲，要知道这些东西是从哪里来的。我带孙子、外孙女回老家吃水煎包，就给他们讲我的笑话，目的是想教育他们珍惜现在的生活，养成节俭的习惯。从小要培养吃苦精神，经历一定的磨炼，这对孩子们的成长是有好处的。还要从小教育孩子要懂得报答，要有报恩思想，这样才能懂得恨什么，爱什么；应该做什么，不应该做什么。年轻人从小太顺当了，走向社会碰到钉子就会不知所措。在童年、少年乃至青年时代，有几次坎坷，遇到几次困难，那都是一种磨炼，无论是身体上还是思想上，他们都会成长不少。青少年时的经历能影响一生。

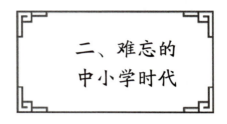

二、难忘的
中小学时代

共和国让我上了学

我是 1941 年 11 月出生的,但是在中华人民共和国成立后,1949 年的 10 月份才上学,那时都快 8 岁了。所以说,我是听到天安门的国歌声才上的学。当时我们村刚组建学校,没有课本,我还清楚地记得"国语"第一课教的是念"去、去、去,去上学;来、来、来,来上学",教的是"来""去""上学"4个字。去上学,来上学,就这几个字教了好几天。以后又有了"算术"课。那时候,初级小学的课目就是国语、算术,这是主课。还有音乐、体育。国语课是从认字开始的,之后学写作文,记日记,练写大字。没有纸,都是用粉笔写在石板上。算术课先是学计数、加、减,再是乘、除和珠算,珠算就是学打算盘。

老师也就是由村里面几个有点文化的人担任。上到四年级,然后就考高小。那时候初小升高小要考试,我们是村校。高级小学由乡上办,在乡政府附近,要上高小就得考试。

算术考加减乘除，国语考默写、认字、填空。我还记得国语课考试写"粮食"，"粮"字我忘了加"米"了。然后就上了高小五年级、六年级。刚开始，我非常喜欢看书，作文不错，到六年级的时候喜欢数学，觉得加减乘除挺有意思。考初中时也是考两门课，我的语文考得不太好，我觉得也就考了七八十分，但是数学不是 100 分也差不了多少了。所以从中学到大学，我都非常喜欢数学和物理。

1955 年高小毕业，暑假前我们在老师的带领下从学校步行 20 多千米，到县城去考初中。我们村里有好几个在那个完小上学，有比我年纪大的，有比我年纪小的，但在我们村里我是少有的几个考上中学的。

村小学离家有 1 千米，完小离家就有 1 千米多了，一群小学生结伴走路去上学。但上中学就开始住校了。实际上，我上高小的时候，期末大家要一起上晚自习，也断断续续住过校。要学习啊，住校也就成了习惯。

那时候才十几岁，我记得，上高小时住校，在教室里铺上用秫秸秆编成的帘子，我们那里叫"秫秸箔"，再铺上豆秸，软软的，然后将被子往上一铺，两个同学一组。被子都是自个儿带的，一个盖上面一个铺下面，两个人一起睡通铺。到上中学的时候就有床铺了。

我上小学的时候刚开始使用的是石笔、石板。石板像 32 开的书本那么大，用石笔往上面写，主要是写小字，计算算术题。以后就用粉笔写。那时买不起自来水钢笔，要做的课外作业都是用毛笔写在很粗糙的"毛边纸"上。到了三四年级时就开始用蘸水笔、钢笔，2 毛钱可以买到人家用过的自来水钢笔。可我连这 2 毛钱都没有，我老父亲没钱给我。

当时我们家小菜园子里种了菜，有辣椒、茄子等。父亲说你得自己去卖，卖了钱就可以去买钢笔。我们家里有箩筐，一箩筐辣椒能卖一两毛钱。本来我自己能懂得看秤，到集市上卖菜的时候比较紧张，称了多重却说不清楚，所以最后我就说你随便拿吧，将菜拿走，给我多少钱都行。一次卖不够就再赶一次集，再卖一次，积攒起来后去买钢笔。

没有墨水，就用颜料，买的那种染布的颜料，我就用那个蓝色的颜料泡了，找个小瓶装上，当墨水用，有时候弄得手上、衣服上都是。

现在不但有了钢笔，还有签字笔、圆珠笔，写字太方便了。那时候要能买支自来水笔，就是钢笔，就相当不错了，还是买的旧的。这就是当时的条件，到中学条件就好一点了。

中学的集体生活

初中，全县也只有两所，全设在县城。我家离县城20来千米，都是走路，要走半天才能到。那时候小啊，才十几岁，1955年才十三四岁，就住学校了。当时一个月是2块钱的伙食费，8个人一顿一盆菜，每人早上一个馒头，中午2个馒头，晚上就是一碗稀饭和一个粗粮馒头。那是刚开始，等到1956年实行统购统销，有细粮有粗粮，学生只有18千克定量。

别看这样，还是要比家里吃得好，那时候家里没有细粮。尽管是2块钱，但月月都要从家里拿，也拿不出来。要去卖粮食、卖菜，才能筹到钱。2块钱的生活费来得很不容易，基本上都是靠家里卖菜和粮食来筹集的。我们又不是菜农，种菜以自己吃为主。只有卖一点粮食。就这样凑足 2 块钱。我前面说为什么忘不了我的乡长，就是当时家里太困难了，我父亲就给乡长讲"孩子上学没有钱"。乡长说"那就补助你点"，就补助了我 2 块钱。所以我老父亲总是在讲，人家给你补助的是一个月的伙食费。

1958 年暑假过后，我升上高中。整个高中阶段正是 3 年困难时期。尤其是到了 1959 年，基本上就是叫吃"革命饭"。每顿饭一人一个菜团子，有菜有面甚至是糠搁在一块蒸的，一个大团子。一人一个碗，一个缸里面盛的稀饭（粥），四五十个人，大家一起，最多能喝 2 碗。你要看我高中毕业的照片，完全可以用"尖嘴猴腮"来形容，因为我的头大，下巴非常尖。我的头那时候戴 60（厘米）的帽子，现在要戴 62（厘米）的。当时生活困难，确实对人是一种历练，所以我说这也不见得是坏事。

中学时虽然学生不参加政治运动，但有 2 件事情令我印象深刻。第一件事是反右派。初三的时候，那是 1958 年年初，我们放寒假回来发现许多老师都成右派了。我们不明白什么是右派，更不明白为什么老师突然变成右派了。这是第一件事。

第二件就是"大跃进"、大炼钢铁。1958 年秋天，我刚上高中一年级，一个星期六下午，我回到家以后，发现我家原来住的房子让人家住了，我家搬到另外一个庄上另外一家去了，几家人住在一块儿，也没锅没灶。乡里成立人民公社，我们村的高级农业合作社变成了生产大队，大伙儿吃食堂，并且不要钱。回到学校里，主要是参加劳动，建小高炉大炼钢铁，校园后边的土地深翻了种小麦试验田要创高产。就是上课，也是老师领着重新编教材，搞教育革命。但不久因坚持不下去，就都停了下来，开始正规上课。到1959年，虽然上课，但又要我们学生写"潘杨王"的大学报，反对右倾机会主义。实际上我们这些中学生既不知道"潘杨王"是谁，也不懂什么是右倾机会主义。一直到"文化大革命"，我才知道反右倾的具体情况。

从初中到高中我都是考试进去的。升初中考的是语文和数学，初中升高中又是考试，考的就多了，除了功课还要考劳动课——深翻土地（也是一节课，看谁翻得多，做得好）。那时候政治条件审查严格，家庭出身不好的，都不行，都不能升高中。

我在初中的时候当课代表，代数课特别好。我说个笑话吧，我们的代数老师是张老师，有一次小考，我很快就答完了。我很自信，就把卷子交上去了，而且是第一个交上去的。他大笔一挥，看都没看，把所有答题都打了勾，给了100分。出了教室，我想"不对"，我发现自己做错了一道题，就去找老师。老师说："你也能做错？！"果然，一看真的是错了，这才把100分改成90分。在他的意识里，我的代数根本就不会做错。

高中还是在这个学校，也就是永城中学，初中部、高中部都在一起。我们上了高中以后，初中部招生就逐渐取消了，只有高中了。我在永城中学上了3年初中、3年高中，1961年高中毕业。

中学毕业时和好朋友合影

（左一为蔡庆华，左二为大学时曾资助过蔡庆华的陈继顺同学，图片由本人提供）

我认为学生的任务就是学习。那时候功课比较简单，语文、代数、三角、几何、俄语、物理、化学、地理、历史、政治，高中增加了生物课等，这些功课都比较好学。实际上，我们在上小学的时候就学过历史，也学过自然。中学阶段还能自己看一点课外书。

那时候我住在学校里，星期天回不去，又没有钱，怎么办？只有看书可以打发时间。初中阶段，我就把我们学校图书馆的连环画（那时连环画叫小人书）全部看完了。图书馆管理老师叫傅曾明，是厦门大学图书馆系毕业的。她都认识我了。连环画看完了我还想借，傅老师说没有新的了，都被你看完了。那时候借到什么书就看什么书，当时看了《水浒传》《地道战》《新儿女英雄传》《太阳照在桑干河上》《暴风骤雨》等。先从连环画看起，最后看长篇小说，《水浒传》的108个好汉在那时就有深刻记忆。从此我就喜欢上了文学。

　　总的说，中学时期，经济还不发达，住在学校里面生活也比较艰苦，但是星期天可以看好多书。我大约一个月回一次家，但因为离家 20 多千米，来去都要走半天，还不如坐在学校里面看看书。

　　那个时期只星期天休息，有时候星期六下午要上课，有时候不上课，星期天必须回来上晚自习。我们那个时候是早自习一个小时，然后吃了早饭上课，上午 4 节课，吃完午饭短暂休息一下，继续上课。下午 2 节课，还有 2 节课外活动，就是在操场上活动、跑步、打球，或上体育课。晚饭以后有一个半小时的自习课。没有电，当时就用那种打气的汽灯，有一个罩，加煤油的。到了初三我们才有电，一个教室安 2 个日光灯管。50 多个人一个教室，当时感觉条件已经非常好了。

　　我们中学时的宿舍也是在一个大教室里面，一个班一个寝室，都是大通铺，最后人多了就加一层，是双层床，有睡上面的，有睡下面的，一人一个铺位。现在看来肯定是很艰苦的，但那个时候其实并不觉得苦，倒是感觉还不错，大家在一起很快乐。

　　吃饭是集体伙食，到高中有了助学补助，自己再从家里带点吃的。1960 年秋，高中三年级开学后，学校告诉我们说，家在农村的学生的粮食关系都转到生产大队去了。原来是吃统销粮，这时凡是农村的学生（县城除外），都要到生产大队里去扛粮食，也就没有助学补助了。

高中毕业时的蔡庆华
（图片由本人提供）

在最困难的时候生产队人均每天只有 4 两粮食，还是粗粮，我们又不在生产队干活，即使你是学生也不能多给。只能扛些地瓜干、高粱粒拿到学校去。交的什么粮食，学校就给你换成什么饭票，交高粱的就换高粱面票。当时学生交的基本上都一样。学校动员学生们拿红薯叶，我就挑过一担红薯叶走了约 40 千米。实际那个红薯叶就是从红薯地的垄沟里扫起来的枯叶，还不是从红薯秧上掐下来的那些比较鲜嫩的叶子。学校食堂把大家交上来的红薯叶择一择，洗一洗后放在稀粥里，煮给大家吃。有时用水泡了以后与粗粮面粉和在一起蒸着吃。那时候能吃地瓜干就很不错了，从来没有吃过纯粮食做的馍。所以我就始终觉得没吃过饱饭。

三、唐院①岁月

大学生活

1961 年 7 月高考。我也不知什么原因，但我记得我们那年高考原定是 6 月份，后来推迟一个月到 7 月份。因为我母亲是阴历 5 月中旬去世的，如不推迟正赶上我母亲病危，所以我的印象深刻。那时大学入学考试考 6 门，即语文、政治、物理、化学、外语、数学。我外语学的是俄语，由于"大跃进"等运动的影响，我们的外语没有学完，我很爱学外语，外语也学得不错，但是没有学完，考试时凡是会的都做了。数学做完了的，我自认为做得不错。我们的监考老师认识我，从考场出来以后，就对我讲："你有一道题可能做得不一定正确。"我们讨论后，他也承认我做对了。原来是他看错了。语文呢，当时基本知识都会，作文是 2 个题目，写读后感。当时《王若飞在狱中》这本书出版不久，在全国影响很大，这本书我看了，对王若飞的

---

① 唐院乃唐山铁道学院的简称，现名西南交通大学，成立于 1896 年，当时为铁路行业学校。

英雄气概印象很深刻。但考试时临场忘了，只记得全国提倡学毛主席著作，我想起来毛主席在《实践论》中的话——"谦虚使人进步，骄傲使人落后"，我就根据这个以我自己的教训写了一篇文章。当时我估计不是很好，没有从认识论的角度论述，现在说来就是实践、认识、再实践、再认识，没这样写。我只是从这句话来讲体会的，写得不是很好。我化学考得不错。物理呢，有一道四缸四冲程内燃机的题，我计算时忘了乘 4 了。政治主要是当时的亚非关系、中苏关系的问题，背下来了就会考好，自己觉得考得还可以。

8 月下旬接到了唐山铁道学院的录取通知书，要求 9 月 20 号前报到。因为我的户口转到农村去了，必须去公社粮站转粮食关系，从 9 月 1 号开始转。我 9 月 16 号离开家。为了省钱，就决定步行走路到砀山乘火车，省下汽车费。砀山离我们家有近 60 华里（30 千米），我背着行李，一条棉被和全部衣服，其中有棉袄、棉裤、夹袄、夹裤，都是自己家做的。脸盆都没有，我舅舅给了我一条白毛巾，让我拿着擦脸。原先我都是用家里织的土布撕一块作擦脸布。还背了高中三年级的数学和物理课本。我喜欢这些书，我说上大学了也能复习，谁知到后来根本没有用。当时背着好沉啊！我用舅舅给的一条半旧床单，把这些东西一包，往背上一背就出发了。当时年纪轻，那天早上大嫂给我烙了几张饼，包好掖在行李包里。走到中午，我累了，坐下歇一歇，吃饼的时候把毛巾放在旁边，走时忘了，就丢了，那时可是挺心疼的。

我是早上太阳刚出来时出发的。那是第一次去砀山车站，只知道方向在我家北边偏东一点，只能边走边问。走到太阳偏西了，我以为还有十来里（1 里 = 0.5 千米）路，可实在走不动了，恰好有一个去砀山县城的马车路过，车把式和我要 2 块钱。我就有些犯嘀咕，不坐吧，真走不动了，坐吧，又舍不得 2 块钱。最后还是狠了狠心，一咬牙就坐上走了。实际上从家坐汽车也就 1 块 5 毛钱就到车站了。我从家里走，最后算账实际上是得不偿失——走了很远的路，还多花了 5 毛钱。花 2 块钱，马车把我拉到砀山火车站旁边。我赶紧去买火车票，可车站说当天晚上没有车了，得明天早上。你说够急人的吧！"我说好吧！"就把行李往那儿一搁。从家里出发到这儿连水都没有喝，就坐在候车室吃了个饼，捏出 1 分钱买了一杯开水喝。坐等到第二天早上，赶紧排队买票，买的是从西安开到徐州的火车票，在我的印象中是 318 次。到唐山全价 13.2 元，半价 6.6 元，我拿着录取通知书，花 6.6 元买了到唐山的车票。那时车少，还没有直达车，中间必须要转两次车。上车后也没有坐的地方，一直站到徐州，一个多小时就下车了。

下了车我碰见一个好心人。他是在青海劳改监察大队工作的一个管理人员，他到烟台去，到济南转车。他也一个人，看我一个学生，就和我搭话，我们俩上厕所时互相帮忙看东西。他说："你可以坐加快车，你坐慢车得晃到什么时候啊！"，"你去加快"。我说"我不知道怎么加快"。他告诉我"到售票窗口就说要加快"。我真就去了，售票员说加快要加 20% 的加快费，我哪里舍得，就没加快。

这样我就跟他一起到了济南，已经是晚上了。第二天才有从济南开往哈尔滨的车。16 号离开家，17 号乘上火车，19 号我才到唐山。在济南上车才找到座，到塘沽听到有"唐"字，我以为快到唐山了，我就背着行李赶快往车厢门口挤，结果塘沽到唐山还有一个小时左右，就只得在车厢门口站了一个小时到唐山下的车。学校有接新生的大客车，把我们拉到一分部^①，办理入学报到手续。学校那时候粮食每人定量30斤（1斤＝0.5千克），每天一斤。办完各种手续后买9月饭票时，又给了我19斤全国粮票。这也是我第一次见到全国粮票。刚入学时，每天的饭票是固定的，早上3两，中午4两，晚上3两。如果遇上一个月31天的时候，月初就开始省，星期六晚上或星期天早上吃2两，也就是啃个窝头。唐山的主食大多是粗粮，占70%左右，粗粮做的主食叫"窝头"。

唐院本部（图片由西南交通大学档案馆提供）

---

① 一分部是当时唐山铁道学院的一部分，其时除学校本部外有3个分部。唐山铁道学院因师生增多，拟扩建校区，但其时新买的校区处于开滦煤矿矿区，不适合建校。为了满足师生需要，1958年9月，唐山市政府将市内的一些学校拨归唐山铁道学院使用。其中一部分是原唐山机车车辆厂所属的技工学校校址。

这个粗粮有的是高粱米，这是比较好的了，大部分是地瓜面做成跟月饼一样的小饼子。2 两就是一个饼子，喝一碗稀饭，就是一顿早餐。中午吃 4 两，因有 30% 的细粮，有时买个馒头，再吃一个饼子，然后吃 1 毛钱的菜。

当时的一分部就是原来唐山机车工厂的技工学校。唐山工厂在铁道（京山线）的东边，一分部在工厂的南面，学校本部在铁道西边，我们新生都在一分部。20 号新生到本部参加开学典礼。

开学典礼是一个系的新生在一起听系领导讲话。到本部大门口，我看到了第一条标语："欢迎你，未来的铁道工程师！"我将来能当工程师！给我印象非常深刻，虽然当时我还不知道"工程师"的确切含义，但因有"师"字，还是引起我的向往和好奇。当时心情就激动起来了，觉得很有信心，也充满了希望。觉得自己一定可以成为一名合格的工程师。那天还下着小雨，我穿着布鞋，还服着孝，鞋是白的，我的母亲去世才 3 个月。我记得高考考物理的时候，是我母亲去世整整 1 个月的日子。我弟弟哭着去找我，他说："哥你怎么不回家？"我说："你看我能回去吗？"所以上大学时，我还穿着糊着孝的白鞋到学校里，因为没有可换的鞋，下雨打湿了就晾干了再穿呗！

要问当初为什么会选择唐院？可以说是无意插柳。我在学校里喜欢的是数学和物理。临近高考前，学校、老师组织我们填报志愿。我喜欢数学，并且当时中苏关系破裂，中国要造原子弹，我从家庭出身、从我对数学的喜欢考虑，所以想当一名科学家。那时候就听说过"三钱"了（钱三强、钱伟长、钱学森），还有钱三强的夫人何泽慧，都给我很深的印象。他们是搞原子弹的，我也想去搞原子弹，我不怕吃苦。我想报兰州大学现代物理系。我们副校长是原来商丘地区教育局的一位干部。这个人很严肃，不多说话，他看到我后和我说："你应该报中国科技大学。"而其他几位老师不认可，他们对我说："科技大学刚建校，不要报。"我也不知道报什么。我的班主任是学政治的，是党员，他说："报南开大学，我的同学在里面，是不错的。"我的物理老师说："南开大学你不要报。"我喜欢听他讲课，幽默、生动，所以跟物理老师关系不错。他叫任鸿昌，是新乡师范学院毕业的，他说："我告诉你，你就报唐山铁道学院，我高中的同班同学就在这个学校，现在毕业分配得不错，在郑州铁路局工作，并且学校的桥隧系最有名。"他也是个毕业才几年的大学生，他接着说："一、这个学校的历史长；二、这个学校的学习风气好，治学严谨；三、你今后到铁路上工作，铁饭碗。你就报这个学校。"我不懂，没坐过火车更没有修过铁路，我们那儿也没有铁路。我说："铁路什么样，咱也不知道啊！"他说："你就报这个，这个好。""那好吧，听你的！我就报唐山铁道学院数学力学系，因为我喜欢数学、力学。"他说："桥隧系！桥隧系！"我说："桥隧系干啥的？"他说："修桥。"哦，我明白了。我说："好！好！好！"就这样，我在不知道桥是啥样的情况下就报考了桥隧系。

考了多少分也不知道，但是我被第一批录取了。我们学校高中毕业将近 400 人，6 个班，被大学第一批录取的就 5 个人，1 个考上北京邮电学院，毕业后先分到石家庄，后到邮电部工作；1 个考上唐山铁道学院，就是我；2 个考上成都电讯工程学院（今电子科技大学），毕业后在航天航空系统工作；还有一个考上西北工业大学。其他的就一直不来通知书了，我们的录取通知书是 8 月份来的。我到学校去拿录取通知书时非常高兴。

那时候也没有谢师宴什么的，因为没有钱，也没那个风气。只有唐山铁道学院报到最晚，是 9 月 18 号到 20 号，那时候要先让老生开学，再让新生报到。

大学上的第一堂课就是新生入学教育。入学教育时，领导介绍了桥隧系的情况，我像听天书一样，还不知道是怎么回事。反正一年级都是在唐院一分部上课，课程主要有数学、物理、化学、俄语、哲学、画法几何和制图，还有铁道概论。我记得教数学的老师是董锡兰教授，是位女老师；教俄语的是王孝德老师，也是位女同志，因她爱人在天津，后来调走了；教物理的是山东大学毕业的丛老师；教画法几何与制图的是马基麟教授和高法忱老师；教哲学课的是王浩吾老师，讲的是艾思奇编写的《辩证唯物主义与历史唯物主义》。这些老师我基本上都还记得。

1962 年桥 61-2 班合影（第三排右二为蔡庆华，图片由本人提供）

当时，桥隧系新生 120 人左右，4 个班，桥 1，桥 2，桥 3 和工民建专业班。桥隧系有 2 个专业，桥隧和工民建专业，桥隧专业里面有桥梁专门化、隧道与地下铁道专门化 2 个小专业。

在二年级以前桥隧不分，到三年级才分专门化，2 个桥班，1 个隧班。调整专业的时候，从桥 1、桥 2 各调出七八个人到隧班，桥 3 的有一部分人就到桥 1 桥 2 去了，其他同学都留隧班了。我是从桥 2 班调到隧班的。

我们班的同学没有一个剥削阶级家庭出身，最高是上中农，其余都是工人和贫下中农子弟。除一两个人外，大多数都是团员，还有党员。地下铁道和隧道专门化是唐山铁道学院唯一的绝密专业，毕业设计所有的资料都锁在东讲堂三楼，别人是不能进去的。

实际上，桥班、隧班功课差不多，只是隧道和地下铁道我们学的多一些，山岭隧道、地下铁道我们单独设课，在桥梁结构上桥班多讲一点，专业课有一点区别。隧道教研组的老师有高渠清教授，他是我们的系主任和老师，我毕业时报考的也是他的研究生；还有关宝树、麦倜曾、范文田、张箴、蒋晃，蒋晃是刚毕业留校的老师。范文田、麦倜曾、关宝树、张箴都是讲师。当时教授只有高渠清，以后关宝树、麦倜曾、范文田、张箴也当教授了。关老师很爱学习，日语也好。后来又来了施仲衡老师，讲地下铁道，还有陈马可老师。这些老师在我印象里都很不错。

我们班当时只有 34 个人，包括上届因故休学后退下来的。我多次说唐院的学风给我留下了深刻印象，比如那个时期不少同学虽然是穿着带补丁的衣服，但没人笑话。我在大学期间前四年都是穿布鞋，是家里做的小圆口布鞋，没穿过球鞋，更没穿过皮鞋。大学四年级时，我的同学送给我一双八成新的解放鞋。要说翻毛皮鞋，那是后来在工地当技术员、当段长时发的，都是保暖的大头鞋，方便劳动。我当副处长后，1980 年我爱人才给我买了一双黑皮鞋。在唐山铁道学院，你穿旧衣服没有人笑话你，可你学习不好就要受到指责；你吃得差，受得了苦没有人耻笑你，但你要是怕苦怕累就会有人笑话你。每到星期天，大家在宿舍里，或者夹着书到教室里，都自觉地去学习。唐院就是学风好。所以我对唐院的学风一直很赞赏，也很怀念。

我去上大学，尽管不要学费，但毕竟还需要路费、书费。当时我家非常困难，母亲刚去世，没有钱，我希望舅舅能帮助我，可舅舅也没有钱给我。怎么办呢？我永远忘不了一个同学，我最近还去看望他了，这个同学叫陈继顺。那时我去学校报到时，他给了我 20 块钱。当时 20 块钱可不是个小数目，因此我永远都记着他的帮助。当时他家庭情况稍好一点，到寒假的时候我没有回去，他又给我寄了 20 块。这 40 块钱，现在价值 4000 块钱都不止。

我家在农村，除了生产队分粮外，没有其他收入。说实话，我去上大学时，包括我的中学同学给的 20 块，就只筹到 38 块钱。除去路费，到了学校交了半个月的伙食费，然后再买买书，钱就没了。好在学校评助学金，我从第二个月就靠吃助学金生活。

刚开始时，助学金是每月 13 块钱，1963 年调整过一次，调到 17 块。13 块的时候，我坚持伙食花十一二块，剩一两块钱零用。上了 5 年大学没向家里要一分钱，家里本来就没有钱。我考大学之前，我母亲去世了，我还有 2 个弟弟，2 个妹妹，还有大哥和老父亲，在困难时期家里本来生活就紧张，哪里有钱给我寄？1962 年的春节，陈继顺同学给我寄了 20 块钱，由于天太冷了，我咬牙狠心花了 10 块钱才买了一双棉鞋。那时候根本不舍得花钱。

1967 年与家人在老家屋前合影
（前排中为蔡父、左右为蔡庆华小弟小妹，后排左一为蔡庆华，
右三人为大哥全家。图片由本人提供）

上大学的 5 年，我只回去了 3 次。第一学期没有回去，一年满了以后暑假回去的，不是不想家，而是回家期间助学金也没有了（假期回去的学校就不给助学金了）。暑假不回去可以看书，学校还组织暑假留校的学生参加劳动，给一定报酬。我记得有几个暑假学校组织学生参加卸煤（为冬季取暖，暑期先存煤）。车站把煤车推到学校专用线上，我们 8 个人卸一辆 30 吨的煤车，一人给 1 块钱。或者去打扫卫生，一天也给 1 块钱。干个十天八天，书费就有了。再加上我每个月从助学金里节省一两块钱，攒够书费。

我上学时不交学杂费，只是要自己买书。后来我在当政协委员时写过一篇文章，提出恢复助学金，这是对穷苦人家的孩子最大的慈善。如果没有助学金我怎么上得起学？如果再要我缴学费，我连吃饭的钱都没有了，哪来的钱上学？我是靠共产党的资助才上的学，助学金对穷苦人家孩子的成长很重要。

上学要自己买书。我们有的同学是借高年级同学的书来读。我不愿意，宁愿不吃饭也要买书。所以大学毕业的时候，我所有的课本一本不少。但是五年级时我们实习去了，"文化大革命"开始后回来再找的时候，我的《材料力学》这本书就找不到了。一直到分配毕业离开学校，我把我的书全部拿回了家。我觉得书是早晚能用上的，就得留着。我这一生对书是很有感情的，尤其是读过的书感情更深。

不回家还有另外一个原因，就是坐火车回家还要自己掏钱。虽然是半价，但来回也要不少钱呢。有人以为，我们上学时坐火车不要钱。其实铁道学院的学生也得自己掏钱买车票。在铁路部门工作以后就不掏钱了。"文化大革命"中说这是"铁路特权"，被取消了。

好在有助学金，但助学金是要评的，根据家庭情况由大家评。当时覆盖率基本上在 80%～90%，没有的很少，就是多和少的区别。我们班上七八块的也有，我是 17 块，是比较高的。也有几个没有，家里人有工作的就没有。我有个同班同学，他父亲是铁路职工，他就没有。我第一次看到穿西服的就是他，第一次看到的相机也是他拿的，我在大学的第一张照片就是用他的"135 照相机"拍的。这个同学家庭经济条件好，人也很不错，不但乐于助人，而且学习努力，成绩优异，毕业后工作也很努力。

大学照的第一张照片（图片由本人提供）

一、二年级时我们都是 8 个人住一个房间。一分部、本部住的都是平房，放 4 张双人床，分为上下铺，中间搁了 2 张小桌子，在那儿坐都坐不下。自己有东西包在一个布包里就搁床头上当枕头。那时候除了衣服也没有什么东西。刚入大学时，我只有一条被子，没有褥子，我又住上铺，学校借给我一条线毯当褥子。中间上课去了，被人偷走了。没法子，学校又借给我一条。过了 2 年，家里才给我缝了一条小褥子，才把那条线毯还给学校。在唐院本部、一分部都没有暖气，所以还必须自己生火，当时只有三分部①建成以后有暖气。我们在一分部住了一年，到 1962 年的暑假搬到本部，又住了 2 年。四年级开

---

① 1959 年，经铁道部党组、河北省委及唐山市委研究决定，唐山铁道学院在唐山另选新址建校。唐山市将新市区中心以北 3 千米处、河沿庄以东作为新校址。1960 年 3 月，新校址破土动工，称为唐山铁道学院三分部。到 1964 年 9 月，铁道部命令唐山铁道学院迁往内地，三分部的建设基本停止时，三分部已初具规模。三分部与本部相距约 5 千米，建成后启用了一段时间。当时为了方便本部与三分部之间的交通联系，学校在两地之间修建了一条铁路专用线。那时学校所用的通勤车叫轻油车，车的长度相当于一节绿色客车车厢，担负着接送往返两地职工及学生的任务。

学就搬到三分部，在三分部住了一年，五年级就去外面现场教学实习了，大部分时间在外面。

唐院三分部（图片由西南交通大学校史馆韩琴英老师提供）

三分部清油车站（图片由校友刘乔提供）

那时候的住宿条件哪能跟现在的比。当时大家非常单纯，也很知足，在学校里就是学习，都是到教室去看书或者做作业，要熄灯了就回宿舍睡觉。第二天早上起来放点冷水洗一洗，吃了早饭就走了。在一分部，8个人一个房间，一人一个铺，住了一年。搬到本部后，住在新华斋也是这样。后来是7个人一个房间，就略微住得宽敞点，有一个铺位就可以放点杂物了。新华斋学生宿舍是10间一排的平房，最靠头的一间是厕所，按房间排序正好是1号，并且每排只有一间厕所。这排平房的1号是男厕所，那么下排平房的1号就是女厕所。那时上厕所不叫上厕所，叫上一号。我们班上的女生不多，才5个。工科哪有那么多女生，体质不好的也不会接收。再是确实工科艰苦一些，所以女生少。

老师对我们要求也很严格，课也讲得好。印象比较深的第一个就是教哲学的王老师，她是李植松书记的夫人王浩吾老师。那时候她还没有结婚，她跟我们讲艾思奇写的辩证唯物主义和历史唯物主义。我没学过哲学，第一次听课就觉得她讲得很好，比较活泼，所以给我的印象很深。我居然在期末考试时得了5分，是满分，自我感觉很不错。尤其是辩证法，这些东西一讲，脑子就开窍了，对我以后的学习和工作都起到了很大的作用。

到二年级印象最深就是教理论力学课的黄安基教授。他很严谨，讲课也没有多余的话，推导公式一步一步很清楚。你只要认真听讲就能听懂，除非是思想开了小差。所以他说，在我的课堂里，你要不好好地听必然不及格。曾经有一个59级的同学，也是咱们校文工团的，手风琴拉得很好的，黄教授就开这个同学的玩笑，他说：你为什么只拉2（唻 ri），不拉3（咪，mi）啊？说他光考2分不考3分。黄老师讲课非常严谨，逻辑性非常强，非常简洁，所以他给我的印象也非常深刻。江晓伦老师是理论力学的辅导老师，又是党员，我与他也比较熟悉。

到三年级就接触了教结构设计原理的黄棠老师。这个老师很平易近人，他经常到我们宿舍来和同学交流。"文化大革命"期间，有一次他跑到我们宿舍聊天，然后给我们用英语翻译毛泽东著作。最近我看他的资料，才知道他父母都是唐院的。他很认真，很爱和同学交流。他讲结构设计原理也讲得很好，在他那儿我受益不少。我们工科班无论是做设计还是做施工，都需要设计原理。除了理论力学、材料力学、结构力学的基本常识，结构设计原理实际应用最强。

这都是给我印象比较深的老师。

这些老师里面，我最尊敬的老师就是高渠清，他是党员，教授。据说他是英国皇家学会的会员，是我国隧道学科的创始人。他是隧道与地下铁道教师，是隧道专业教授。可能因为我是隧道专业的学生吧，所以与他接触得比较多。高教授思想进步，没有架子，我报考了他的研究生。但"文化大革命"开始后，一切都打乱了，研究生也不招生了。

还有很多老师都不错，我和他们的关系也不错，像教材料力学的李庆华老师，结构力学的徐文焕教授，还有几位讲师，都是比较优秀的。有一位比较幽默、平易近人的吴炳焜教授，他是教土地基（土力学地基和基础）的。大家都认为他很严肃，但是我觉得他并不刻板，很容易亲近。我们那时候搞现场教学，在乌斯河隧道实习，那里产核桃，剥不动，又没有锤子，他教我们吃核桃。他拿来以后说，我教给你们啊！你们看这有门，打开以后把核桃放在门缝里一挤，"啪"一下，开了！他说："这是力学的实践应用！"最后他动员我考他的研究生。当时是两年一届招一个，要么考他的，要么考高渠清的。所以我对他的印象不错，很平易近人，也很幽默。

还有个就是胡正民校长。那时胡正民刚毕业不久，比我们早几年，我们上大学五年级，他给我们当辅导员。他最大的特点是，平易近人，深入群众，没有一点架子，爱跟同学们在一起。我听说他最近身体不好，本来应该去看看他，但是还没来得及。

1964 年京张线地质实习时全班在居庸关长城上合影（图片由本提供）

到居庸关实习后在天安门合影（第二排左一为蔡庆华，图片由本人提供）

如果说学风好，老师治学严谨是唐山铁道学院的第一个特点，那么实践和理论结合得好就是学院的第二个特点。我们大学 5 年每年都要去实习。1962 年暑期沿着铁路从北戴河走到山海关，一路观察什么叫桥，什么叫涵，什么是轨道，亲身认识铁路，老师带着学生，这叫认识实习。因为我们是桥隧系，一年级还到唐山煤矿井下巷道里了解巷道的开挖作业。到 1963 年暑期的时候，就是测量实习，二年级学了一年测量课以后，对经纬仪、水平仪等，你得会摆弄啊！我们就在昌黎的山上把地形测绘出来。昌黎有山，拿 4 个脚螺丝的经纬仪，是最老的那种，自己要摆镜子，要对中。有看仪器的，有前方对点或扶塔尺的，有记录的，3 个人一组，交换着来。3 个人一起要把这个地形图绘出来，然后交给老师看，这个实习将近一个月。等到 1964 年暑期的时候，就组织地质专业实习。到京张铁路南口到居庸关段做地质实习，住在南口技校里。一直沿着线路走到居庸关。在沿线看各种地质地貌，看人字线，辨别岩石，什么是花岗岩、石灰岩、变质岩等，这是三年级结束以后。

唐山铁道学院射击队合影（第三排左三为蔡庆华，图片由本人提供）

到 1965 年暑期，就像当施工队的班组长一样，要学施工组织了。我们是在成昆线的关村坝隧道，就是实习打眼放炮、立模、灌注混凝土，计算每道工序的时间。一个导坑断面大约要打多少个炮眼、怎么布眼，打一个眼需要多少时间，装药需要时间多少，爆破后要用多长时间来通风，然后清渣，清渣需要多少时间。最后再相加，这一个循环要多长时间。当然也要参加劳动，但是以生产过程的组织为主。我们班还在鞍钢一个镁矿专用线上参加一个老隧道改造施工实习。反正是每一年都要到一至两个地方，从认识实习到测量实习、地质实习和生产实习，进入五年级叫毕业实习。五年级时，提倡现场教学，我们先后到山海关桥梁厂、成昆线上的隧道和桥梁工地，搞专业课教学，接着搞毕业实习。这就是贯彻实践论观点，学习理论，现场实践，不断提高。

通过这种实践的教学，一是可直接接触生产，也能体会工人的辛苦，二是可以启发你的思维和认识。说个最简单的例子：我是学隧道专业的，但刚进到隧道里，心里很害怕，不敢走。看工人打风钻，工作太辛苦了！打一茬炮，还得往外清渣，人工装到土斗车上；隧道里也很危险，矿山发生的事故不知有多少。我就曾想能不能发明一个像钻木头一样的东西，开动机器，把大山钻个窟窿，唰地一下就钻出去了。那时候，这不就是纯粹的异想天开吗？现在三四十年过去了，这个梦想确实实现了。一种叫 TMB 的自动掘进机，这是我当副部长时候引进的，就用在西安安康线上的秦岭隧道，这是 1996 年的事了。我 1966 年毕业的，1996 年就实现了，30 年就实现了，而且中国现在都能够大批量生产制造这种机器了。

通过现场实习，我们可以把所学的知识和实践结合起来，确实认识就不一样了；你还可以了解基层工人的辛苦，因为你学习那么多东西，你要服务生产啊，不能光坐在屋里，不了解现场如何作业是不行的。

除了我上面讲的从一年级到四年级的认识实习、测量实习、地质实习、生产实习这些，我们五年级的时候，上课基本上都没有在学校里，全部是在现场教学。讲钢桥的时候，就是在山海关桥梁厂，讲隧道和其他桥梁结构时我们就到了成昆线，一个是大渡河大桥，一个是长河坝石拱桥，拱跨 54 米；还有长河坝隧道，地质比较好，地质最差的是乌斯河隧道。隧道地质好的、地质差的，一孔的石拱桥、多跨的钢桥，我们是在现场上的课，都实地参观过。实践能让学生知道很多东西，尤其对工科的学生意义重大。

唐山铁道学院的学生教学跑遍全国。那时候学校组织学生实习是买火车票还是开免票我不知道，反正学校组织，有老师带着，就跟着去实习。那时候生活那么艰苦，但同学们也不在乎，到再艰苦的地方也不叫苦。我们最艰苦的是在京张线上的南口段地质实习的时候，夏天那里跟蒸笼一样，白天就沿着山沟走，晚上就睡到大礼堂里，大家一起睡大通铺。自己带着被褥，那时候学校还给一人借一个像军用蚊帐一样小小的单人蚊帐，一撩开就钻到蚊帐里。

后来我们的实习大多是到成昆线。1965 年暑期的生产实习是在关村坝隧道①。关村坝地质复杂，经常发生岩爆，我的手上有个疤还是在那儿留下的。在隧道里推土斗车，生产实习、了

---

① 关村坝隧道位于乐山地区金口河县（区）的胜利村，隧道全长 6107 米，是成昆线第二长隧道，隧道建成时，中央还专门发来了贺电。

解情况，同学跟工人交流，同时也参加劳动。劳动过程中，石头会啪一声爆出来，这就是岩爆。发生岩爆的地方都是由于地层应力很强，同时岩石具有较高的脆性和弹性。一旦由于地下工程活动破坏了岩体原有的平衡状态，岩体中积聚的能量导致岩石破坏，并将破碎岩石抛出，岩石一层一层地就崩塌下来了。当然，岩爆也不是那么恐怖，大家注意就行了。我那次遇到的虽然不大，但是砸到身上就破皮流血了。现场的工人们都很爱护同学们，那时候我们都交了很多工人朋友。工地里大部分技术员都是中专生，大学生很少。1965 年 11 月后的现场教学和毕业实习都是在成昆线上。我们到那儿实习的时候和工人们待在一起，关系也都不错。

东北鞍山钢铁公司的镁矿专用线上的老隧道改扩建工程是当时东北工程局第五工程处施工的。隧道是 20 世纪初为鞍钢运送镁矿石而建，断面小、标准低，需按电气化隧道断面进行改扩建，隧道在改建的过程中还要保证通车。那次实习就是张箴老师带队去的。经过这次实习，我们知道了旧线改造，也知道了新线，增长了很多知识，对后来学习和工作、眼界的拓展和知识的储备等都有非常积极的意义。我觉得实习对于工科学生巩固学习知识、扩展知识面以及知道是什么、为什么和下一步怎么办，绝对是有好处的。

1966 年 4 月，我还参加了研究生的考试。给了一周多的时间准备，4 月份考试。在中学的时候我就想读书，想多学知识，当时不知道大学后还有研究生，我说我要上中学、上大学，大学完了以后叫啥？当时不懂，以为大学以后叫专科。当时我就想我要把这些知识都穷尽了。那时候心气太高，但是多学习知识没有什么坏处，我就是这么想的。

所以大学毕业以后考研究生也是自然的，我想还是多学点知识为好。并且当时学校里也动员学生，希望学习比较好的同学报考研究生。所以在毕业前我们也旁听过研究生的几次毕业答辩，我先后听过隧道专业王梦恕和王建宇同学的毕业答辩。听一听研究生的答辩很受启发，听听他们讲当时的先进知识，比如地铁的知识。在王建宇毕业答辩时，有评委问："地铁里有水，你用什么办法来防水？"过去地铁里面衬砌不是现在那样整体灌注混凝土，而是一块块预制块拼装起来的。他讲了最先进的一种止水材料。他引经据典说了好多，这些事情对我来说都很新鲜，我当时是想不到的。

我考研究生的成绩应该说还可以，自认为我能答的题都答出来了。考了外语、力学综合、结构设计这些方面的知识，考了3门还是4门我记不清楚了。我们是在成昆线毕业实习现场参加研究生考试的，因为复习还给了一个星期的假。但"文化大革命"开始后，不再招研究生了，甚至大学也不招生了。人家说"文化大革命"了，还招啥？结果读研究生的梦最终就这样破灭了。"文化大革命"结束恢复高招后，我也想过再去考研究生，但那个时候我已经当副处长了，家里负担也重，有老父亲，有孩子。我想了想，如果再去学习，自己已经三十六七岁了，还是算了，不学了。其实从内心讲我还是真想再去学习。

有人说，当时如果没有"文化大革命"，后来我可能走的是完全不同的路。我也是这么想的，那可能就是另外一条人生道路。也许做研究工作或者当教授，其实更适合我。因为我对学习始终保持着极大兴趣，我认为学习很有乐趣，我愿意在学校里学习。我认为，学生不好好学习就像工人不会做工、农民不会种地，都应该受到批评。学生生活是值得我怀念的美好时光。我最近给我的孙子讲，我说："你们现在觉得学习累，我觉得学习是一种乐趣，我现在工作那么多年了还希望多学习。"我认为当学生最好，尽管那时候吃也吃不好穿也穿不好，但当学生的年代是我最快乐的时光。

参加"四清"运动

在上大学期间，那是 1964 年年底 1965 年年初，期末考试刚结束，学校组织高年级同学参加社会主义教育运动，即"四清"运动。据了解，其他高校同学都先后参加了"四清"运动。[1]

我记得唐院 1961 级的学生都到四川乐山地区参加"四清"运动。在 1964 年我们曾听过顾稀院长的一个报告，讲他到峨眉考察的情况，重点是当地的风土人情和生活情况，提到学校搬迁内地的问题。我们是 1965 年 1 月初坐火车在北京站转乘到成都的。在车上还听了全国人大三次一届会议上周恩来总理工作

---

[1] 1963 年 2 月，中共中央召开北京工作会议，重点讨论了在农村开展社会主义教育运动和在城市开始五反运动的问题。1964 年 9 月 11 日，中共中央、国务院发出通知，组织高等学校文科师生参加社会主义教育运动。通知指出，我国高等学校文科脱离实际的倾向十分严重，资产阶级的和修正主义的思想影响相当普遍，因此必须从根本上加以改革。高等学校文科师生参加的社会主义教育运动，主要是农村的"四清"运动，一些专业的师生还要适当参加"五反"运动。此后，中共中央、国务院又发出了组织高等学校、工科师生参加社会主义教育运动，并在北京大学进行社会主义教育运动试点。据不完全统计，到 1965 年年底，全国有 395 所高等学校的大约 22 万师生参加了社会主义教育运动。(见张雷声等：《新中国思想理论教育史》，高等教育出版社 2005 年版，第 96 页。)

报告的广播，印象最深的是提到中国要实现四个现代化（即在20世纪末实现工业现代化、农业现代化、国防现代化和科学技术现代化）。大家深受鼓舞，从成都下火车又集体乘大卡车到的峨眉。我们桥隧1961级的同学全住在山下的报国寺里。系党总支立即组织我们学习"双十条"，也就是1963年中央制定的《关于目前农村工作中若干问题的决定（草案）》和《关于农村社会主义教育运动中的一些具体政策的规定（草案）》。因为这两个文件都是十条，所以前一个决定简称《前十条》，后一个具体政策的规定简称《后十条》，知道了"四清"的内容，即清思想、清政治、清组织和清经济。

本来我们学习完有关文件精神后，在春节前即分到农村去，但在这期间中央又下发了《中共中央关于农村社会主义教育运动中目前提出的一些问题》，一共二十三条，所以大家简称为《二十三条》。大家又集中学习了《二十三条》，并且明确了社会主义教育运动主要以二十三条为依据。

除了学习中央文件、组织讨论外，在下乡前还重点进行了纪律教育，强调要与"贫下中农"做到"三同"——同吃、同住、同劳动，要吃革命饭、自觉饭，要不怕脏，不怕苦和累，要经受锻炼和考验，还不许暴露我们的学生身份。

春节一过，我们即与乐山地区抽调的基层干部组成"四清"工作队，分配到峨眉县有关公社的生产队。我们班的同学都在峨眉县龙池公社，我和同班一位同学与乐山地区一个公社社长安学君组成一个小组分到马坪大队第九生产队。龙池公社在峨眉县靠近峨边县的地方，马坪大队与峨边县相邻，马坪大队第九生产队与峨边县的生产队隔河相望。因为工作队领导告诉我还要协助大队工作组的工作，所以在马坪大队第九生产队就有我们 2 个学生。

我们 3 个工作队人员都住在贫农马大爷的家里。他家 5 口人，马大爷和大娘老两口，其儿子马国清和媳妇小两口，还有个刚出生不久的小孙子。因为马大爷会木工手艺，平时他到公社木业社做工。家中的房子是人畜共用的木板房，正房和厢房是他们家住，我们 3 个人就住在他家客厅里临时搭起的通铺上。开贫下中农小组会，小型座谈调查会也是在这个客厅里，我们的床铺也就是大家的座席。

到生产队的第一天下午，我第一次尝试了四川农村的晚饭。那是马大娘用甑子蒸的由玉米糁做成的面面饭——当地人叫神仙饭。因为没有大米掺和，玉米糁的黏性小，所以这种饭比较硬一些，虽然家里一下增加了 3 个男劳力，但那个蒸饭的甑子也就只有那么大。菜是马大娘从自留地里采摘的牛皮菜，清水洗了，把甑子从锅里端出来，在蒸饭的水里煮一下，盛到一个大瓦盆里。我们每人一个碗，饭桌上每人面前一个小瓷碟，里面放的是细盐拌辣椒面，盛上一点菜盆里的汤和一和，就这样自己盛上玉米糁蒸的饭，夹起牛皮菜蘸上小蝶中的辣椒糊，就在一起吃。按规定我们每个队员每月要交 32 斤（16 千克）粮票，12 元钱。马坪大队第九生产队，以马姓为主，少数有姓王和张的。生产队长姓马，会计姓王。安学君社长当组长，一切服从他安排。白天我们参加生产队的劳动，因为大家都要下地干活，不能开会；晚上召开"贫下中农"代表座谈会，听大家对生产队经济财务、干部作风的意见，搜集大家的意见，整理相关材料。因为春节刚过，正值春耕，所以白天的劳动一是除草整地，二是往地里送肥。这里是丘陵地区，要靠人把人畜粪尿一担担挑到地里，并浇在玉米苗或芋头（马铃薯）根部。有一天我也与大家一起挑粪，队里给我找了一副最小的90斤（45千克）的粪桶，我自认为农村长大，干活还不成问题，用这副担子我挑了13担送到地里。我家毕竟是平原，在这山丘地里出门就爬坡，干活比家要辛苦多了。那天干完活，我是动一动的力气都没有了。

不久，大队工作组抽我到大队查会计账。查的都是几年来的流水账。与大队会计逐项核实没有发现什么大的问题。后来，我还参加了公社工作队组织到有关大队的检查。

我们参加的"四清"运动从2月初下到生产队，到6月宣布结束，历时4个多月。使我感受最深的是：峨眉的农村，当然那时不只峨眉农村，实在生产太落后，农民生活太辛苦。马坪大队第九生产队处在半山腰，基本上没有水田，地里种的全是玉米、洋芋、红薯（当地叫红苕）等，小麦都很少。农民一年到头地里刨食，吃的基本上都是粗粮。有一户贫农家的大人，夏天抽掉棉衣里的棉絮当单衣穿，冬天续上棉絮当棉衣穿。我们房东马大爷家一直到我们把他家的粗粮吃完，才舍得用我们交的粮票去公社粮店买米吃。其次是我们的农民都很实在，种地交公粮，日出而作，日落而息，老老实实种地。6月通知我们"社会主义教育运动"告一段落，临走时马大娘特意为我们工作组3位同志做了大米饭和用从镇上买来的肥猪肉做的粉蒸肉为我们送行。

大学收获

我觉得这 5 年的大学学习有几个收获：一是知识上的收获，确实对我以后的工作有很大帮助，奠定我做技术工作的理论基础。理论力学、材料力学、结构力学这 3 大力学，给我做技术及管理工作奠定了基础。在我做技术工作时，我经常用力学知识来检查验算施工图，这些知识真的永远忘不了。我后来也给技术人员讲，你们现在有计算机，20 世纪六七十年代哪有电子计算机？最高级就是手摇计算机，有手摇计算机都很不错了。站段技术员只能查 8 位对数表，把乘除变成加减。在枝柳线上，我就把我管段内曲线桥梁支座布置都检算了一遍，那就是利用对数表计算的。我说你们也应该有这种精神，不能有浮躁情绪。做学问做工程就像一句话说的，"板凳坐得十年冷"，不要说空话，要踏踏实实地做事。只有踏实勤勉才能学到真正的知识。在中学里、大学里，老师的教育，我是永远不会忘的。

二是世界观形成上的收获。哲学、政治经济学、党史 3 门政治课使我学会观察人和事物。唐院的领导和老师教会我如何做人和生活。我是大学一年级入的团，1965 年高校恢复在学生中发展党员后，在唐院第一批入的党。所以说对我的人生观、价值观的形成，对党的感情，大学也是非常重要的一个阶段。我认为，我的世界观是在大学里逐步完善的。有些认识在中学里是朦朦胧胧的，说哪些话也好、做哪些事也好，都不具有目的性，比较随意，到大学以后确实就是不一样了。所以 5 年的大学生活是我人生非常重要的一个阶段。

2009 年同班同学参观京沪高铁制梁厂，
（前排左三为蔡庆华，图片由本人提供）

　　三是坚持锻炼身体和良好生活习惯的养成。唐院治学严谨和艰苦朴素的风气可以说影响了我一生。在学校，我们坚持 6:30 起床到操场跑上 400 米，做做操，然后洗漱，边吃早饭边听新闻广播。8:00 前夹着课本进教室，晚上和周日也是到阅览室或教室看书。虽然生活比较艰苦，但有规律、很快乐。我记得大家都响应"为党健康地工作 50 年"这个号召。即使在参加工作后，无论是做技术工作，还是做管理工作，无论是在家，还是出差，我都有个习惯，就是早上 6:30 左右起床。50 多年过去，不睡懒觉。这也许是在学生时代养成的习惯、坚持锻炼的收获吧！

等待分配

从 1965 年开始，学校进行教学革命，也就是所谓教学改革①。毛主席说过，现在学校课程太多，对学生压力太大。讲授又不甚得法。考试方法以学生为敌人，举行突然袭击。这是不利于培养青年们在德、智、体诸方面发展的。② 为了响应毛主席关于教育批示的这些精神，唐院也进行了教学改革。其中之一就是"下楼出院、现场教学"。所以我们进入五年级后就不在学校上课，专业课全部在工厂和施工现场授课和实习。并告诉我们这一届，把在校毕业设计也改为现场毕业实习，每人写一个实习总结就毕业分配了。这也是我们的研究生招生考试在施工现场进行的原因。我们在成昆线施工工地实习，那里交通不便，报纸要晚三四天才能看到，主要靠收听中央人民广播电台的新闻联播了解国内外大事。1966 年四五月份，最初我们听到的多是有关学术和文化界的批判文章。大家还像往常一样，在现场与工人一起劳动，搜集资料，准备毕业实习总结。但到 6 月 1 号、2 号连续两天《人民日报》发表社论文章，充满了"火药味"，让人有一种风雨欲来的感觉。6 月 9 号学校突然通知我们全部回校到峨眉。当时峨眉正在建校，我们认为毕业班回来也就是集中学习教育一下。头天通知，第二天我们就上了工程单位准备的解放牌卡车，一个班 20 多人（我们班还有 10 来人

① 1964 年 2 月 13 日，毛泽东在人民大会堂召开教育工作座谈会。在座谈会上，毛泽东提到了教育必须改革的问题。3 月 10 日，毛泽东看到了中央办公厅秘书室编写的《群众反映》摘登的北京铁路二中校长魏莲 1964 年 2 月关于减轻中学生负担问题意见的来信，由此指示必须进行教育改革，减轻学生负担。
② 《毛泽东文集》第 8 卷，人民出版社 1999 年版，第 376 页。

在北京地铁毕业实习)，人和行李一个车就装走了。当天我们就从成昆线的乌斯河桥隧工地①回到了峨眉。学校没房子，桥隧系在西南地区的师生全住在峨眉山下的报国寺内。

回去以后就见到校园里贴了不少大字报，主要是批判学术权威。给我印象深的一件事是第二天叫我到学校里参加一个会，那是参加学校党委组织的一个会议，传达"5·16"通知，我也懵懵懂懂的。我们班在北京地铁实习的同学还没回来。当时唐山铁道学院分为两地②，一部分在四川省的峨眉，一部分在唐山。学校政治部主任崔德顺传达关于开展"无产阶级文化大革命"的通知，我作为班的团干部参加了会议。会上讲的内容我记录下来，回到班上就照着给同学们传达。随着运动的进行，大字报矛头也由主要批判学术权威、教授，开始转向学校各级领导干部。有的学生干部也被捎带进去。由于我在班上传达了学校党委会议的精神，再加上我当了几年的班干部，结果我成了资产阶级反动路线的执行者，还说我走"白专"道路。我很不理解，心想这是怎么回事呢？学校领导我们很少接触，系领导、老师、教授我们能经常见到，怎么突然之间都有这样那样的问题了？怎么说批就批呢？有专业学术特长的教授怎么都是反动权威了？恩格斯不是有篇《论权威》的文章吗？那时候还学习过。恩格斯认为权威是必需的。我也认为没有权威还是不行的。当时很时兴参加红卫兵组织，胳膊上套个红袖箍。那是家庭出身好，并且能赶上潮流的人才能带的。我对好多事情想

---

① 四川汉源境内。

② 1964年9月，铁道部命令唐院迁往内地以响应党中央的三线建设号召。10月，唐院在四川选定峨眉山报国寺旁的一片丘陵地作为新校址。10月17日，高教部、铁道部正式决定将唐院迁往四川峨眉。到"文化大革命"爆发时，峨眉新校建设开始不久尚未完成，大部分师生仍在唐山。

不明白，当然不让我参加红卫兵。

不久在唐山的同学也乘火车来到了峨眉，同时来的还有铁道部派的"文化革命工作组"，每班有一个组员。工作组成员大都是学校干部班的学员，到桥隧系的都是干部班工务专业的学员。两地学生合在一起，加上每班一个工作组成员，也就是学学文件（如十六条等），学习报纸，组织大学揭批校系领导和所谓的"反动权威"。

在毛主席接见红卫兵的高潮中，9 月 17 日学校也组织大家到北京接受毛主席的检阅，我就跟着到了北京。我们到北京后，住在铁科院的大礼堂里。在北京过的 1966 年的国庆节，上午游行时受到国家领导人的接见，晚上在天安门广场观看了烟火晚会。国庆节前后，大家分别活动，名曰"串联"，实则到首都各高校观看大字报，听辩论会。这时学生就分成了多个派别，成立了无数个"战斗队""兵团"……有矛头指向学校领导的，有反工作组的；有要回唐山的，有坚持留在峨眉的，甚至还有到铁道部机关造反的……这些群众组织间因观点不同，就出现了相互攻击……一片混乱现象。大约是 10 月 10 日以后，大多数同学坐火车回到学校（峨眉校区）。我与我们班几位同学回到四川峨眉，也无所事事，就又趁机免费乘火车到重庆大学、上海交通大学、同济大学和广州中山大学走了一遭。到 11 月底又回到峨眉，一直熬到年底。当时正值宣传徒步长征串联，我和我们桥隧系 61、62 级的几个同学一拍即合：咱也长征去！

我们桥 61 级的只有 2 个去长征，1 个是白克俭，1 个是我。白克俭是我的入党介绍人。加上桥 62 和工 62 的 8 个同学，我们就一起出发去走长征路。

说到长征串联，我们这个年龄段的人至今记忆犹新。当时为什么要走长征路？首先是学习《毛泽东选集》。记得毛主席讲过，长征是人类历史上的伟大奇迹，长征是宣言书，长征是宣传队，长征是播种机，那么我们就以实际行动学习老一辈革命家的精神，继承革命传统。还因为有人说我走"白专"道路，那我就走一次长征路，看谁能吃得了苦，受得了累。再者就是当时不少大中专学生都搞长征徒步串联，报纸也宣传他们的典型事例，我们也想借此走一走看一看，尤其是想到遵义、韶山和井冈山等革命圣地学习和参观，总比在学校待着强。

当时，咱们唐院徒步长征串联的有不少人。我记得出发前几天，学校还专门把准备去长征的代表召集起来开了会，是崔德顺主任讲的话，要大家牢记毛主席教导，要注意安全等。学校还为每人发了一条捆行李的背包带和2元钱一条的塑料布。

1966年12月31号，我们从峨眉报国寺前徒步出发。背着自己的被子，还背了一个油印机，还有毛主席著作单行本，好沿途发放。我们的队伍叫"唐院燎原长征队"，计划从峨眉出发经乐山，先去遵义，再到韶山，目的地是井冈山。当天到了乐山，为了等后来的长征队员，也因为大家脚上都打了泡，就在乐山多住了一天。接着到了马踏井，以后又经过荣县、富顺到泸州，从泸州过长江后到了合江 32111 钻井队①所在地。参观了 32111 钻井队救火现场及展览。当时全国正宣传学习 32111 钻井队在合江钻探时扑灭大火、保护国家财产的先进英雄事迹。然后就进入贵州，在习水、桐梓各住了一晚，到了遵义，参观

---

① 1966 年 6 月 20 日凌晨 1 时，32111 钻井队正在进行投入生产前的最后一项工作——关井测压的时候，由于气井压力急骤上升，井口出气的一根无缝钢管，突然憋破，形成宽广 50 多米、高 30 多米的一片火海。经过 30 分钟的生死搏斗，终于扑灭了这场大火，保住了这个新开的大气井。

了遵义会议遗址。因串联学生太多，我们当天晚上住在遵义郊区。接着就过湄潭、江口，再往前走到了铜仁，走了一个多月。这时已到 1967 年旧历年的除夕。一个多月以来，白天走路，晚上休息。休息就找学校、找接待站，大部分是公社一级接待站，吃饭要 1 毛钱，米饭随你吃，菜就一份。第二天早起，自己打上背包再出发。我们桥隧系学生实习多，都是自己带被子和衣服，像军人一样打背包，从一年级老师就教过我们了。把塑料布包在被子外面防水，把衣服往里一放，背包带一捆，后边别着一双鞋，脚上穿一双鞋就走了。还要提着油印机以及别的东西，前面同学还要扛着队旗，后边的同学见到老乡就送他们一本毛主席著作单行本或发几张油印传单。我们走长征路就是牢记毛主席的教导：长征是宣传队，长征是播种机。背上有十几斤（1 斤＝0.5 千克）的行李，还拿着东西，最多的一天走了 60 千米，最少也走 30 千米，那还是很辛苦的。晚上在住地印传单、沿途发传单。所经过之地大都在农村，有时住在县城。

到 1967 年的 2 月初春节前一天到了铜仁，当天晚饭我们这几个同学买了大概六七斤面粉、五斤猪肉、十几斤白菜，包的饺子，一顿就吃完了。

我们走到铜仁，就见到布告，是中央文革小组发的通知，停止徒步串联。要我们回去，可回去怎么办呢？我们徒步串联只到了遵义，还没有到韶山呢，就叫我们回去，目的地还不够一半，不让走了，心里很不情愿。但上级发了通知，并明确沿途接待站停止接待，我们也只好服从。在铜仁过了春节，初二、初三接待站就组织大汽车把串联的同学们送到火车站。

我们初三早晨乘大卡车从铜仁出发去都匀火车站，当天又在都匀坐上了从昆明开往北京的火车。因为没去成毛主席的家乡韶山，我们很不甘心，大家在车上商量决定在长沙下车。我们在火车上没有座位，在那儿站着，里面都是人。到长沙下来以后住了一晚上。第二天我们到长沙铁道学院去看了看，学校不少学生都去修韶山铁路了。去毛主席的家乡，我们是从长沙经过宁乡走过去的，在宁乡九中住了一晚，第二天上午到韶山。从长沙用一天半时间走到了韶山，在韶山用了半天时间参观了毛主席故居和展览馆，晚上在韶山临时搭建起的接待站里睡了一晚。第三天，我们起早从韶山又步行到湘乡，然后从湘乡坐火车回到了长沙。这一次我们在湘乡乘坐的火车就是棚车代客车的大篷车了，大家各自找地方席地而坐，然后从长沙坐火车经北京回到唐山。

我当时负责长征队的宣传工作，所以对每天走的路线做了记录，到后来一计算，我们长征队走了两千五百多里（1 里 = 0.5 千米）。我们不但看到了红军长征的遗迹，了解长征中红军遇到的艰难险阻，缅怀先烈为了中国革命勇于牺牲的大无畏精神，也亲眼看到了当地老百姓生活的贫寒，感触颇深。徒步长征最大的好处：一是躲避了学校里各派组织之间的喧嚣；二是思想境界确实得到提高，也更加认识到，老一辈红军长征的时候边走边打仗，那是多么的不容易，中国革命的胜利来之不易！年轻人吃吃苦是应该的，是有好处的。当时我就是这种想法，说别的更深层次的、崇高的境界还真谈不上。

长征回来，我们坐火车是经北京回的唐山。当时唐院也成立了"革命委员会"（简称"革委会"），唐院"红旗"战斗队在唐山也是红极一时，不可一世。这是 1967 年 2 月，因为我们的行李除了长征背的那一床被盖，其他东西还全都在峨眉。就找了一个理由，开了张免票，说是到峨眉去取行李。也就是这一次从唐山去峨眉，我顺道回了家，才知道我大妹妹已经去世了。

在峨眉待了一段时间看了看，也没什么事儿。峨眉校区倒是很平静，坚守在那儿的同学大多认为唐院迁西南是正确的。但是我们班的同学大部分在唐山，我想我们毕业分配只能是在班上多数人集中的地方，那就还是回唐山吧，所以我在峨眉待了一段时间又回到了唐山。

"文化大革命"中，唐院派系林立。但我们毕业班的同学参加群众组织的较少，多是看看大字报，听听辩论会，都等着分配离校，也不敢回家。因为当时把这场运动的政治性提得很高，我们都是受党教育多年的大学生，虽然有些不同想法，但还是要努力学习。我当时不同意有的群众组织的观点和做法，也不会申请加入他们的组织，但觉得中央发动这么大的"革命运动"，我作为一个预备党员，不能置身于外。所以，在观看大字报过程中，在和同学交流中，桥隧系铁道系高年级同学中有一个叫"铁道兵团"的群众组织，它的观点我是认同的，就经常参加他们的讨论会，发表点意见，成了他们的紧密跟随者，他们也视我为成员。这样别人就不能说我是个"逍遥派"吧！但是，我有个原则：不参加上街游行。当时"红旗"战斗队是唐院的一个大派别，他们不满足于学校的活动，已经参与到社会上的活动，并且到铁道部去造反。对这个组织的行为我是反对的，尤其是反对他们对老师的那些行为、参与社会上的行为、他们到铁道部的造反行为。

我没有其他事做，就想学外语。本来考研时就准备学第二门外语。我在大学期间学的是俄语，这时我想学英语，就找了一位低年级学英语的同学，开始跟着他学习英文字母。48 个音标都是在那个时候学的。我一学英语，马上就有人说我走"白专道路"，"大家搞革命，他还学英语"。我赶紧停止了学习，只能在宿舍看报纸，到校园里看大字报，再就是看人打扑克、打桥牌。许多人都无所事事，打牌、下棋可以，我的桥牌就是在那时候学会的。那时学校拿钱给每个班订报纸，因为是"闹革命"的需要。旧报纸卖了没人过问，卖了以后就买扑克牌玩。一方面大家找到了一种消磨时间的娱乐方式，另一方面深深体会到了桥牌的千变万化。

到 1967 年 9 月份，我们都开始领工资了，但也只能在学校等待。

也就是在我们这些毕业班学生的等待和时间消磨中，1968 年年初，学校发生了一起事件。第二天上午我们才听说此事件，我至今难忘。学校的顾稀老院长、党委宣传部部长黄澎和我们桥隧系党总支书记孙雨亭头天晚上被人打伤了。孙雨亭书记被打伤还在家里躺着呢。我们班同学听说后，不约而同地一起到了孙雨亭同志家里看望他，发现他的腿骨折了，他还不敢说是被打的，只说是自己摔的。通过了解我们知道，实际上是学校最大的造反派组织的人头天晚上把他叫出来要批斗他，他不去就把他推到坑里摔断的。见了孙书记的惨状，大家非常气愤，我说："这不行！怎么能打人？走，找军代表去！"当时军管会已经接管了学校，我们不明白为什么还能发生这样的事情！

我们班有十来个同学聚在一起，大家说走就走，上校友厅找军管会去了。见到军代表我们提出了几个问题和要求：第一，打人对不对？第二，即便这些人是走资派，被打伤了应不应该给他们治疗？第三，这个事情不应该发生，军代表应该制止，今后不能再有类似情况发生。实际上，当时去找军代表，也就是想向他们反映情况，让他们制止造反派不符合"十六条"①的行为。在那个形势下这个做法可能是危险的，但我这人就是这个性格，也没考虑那么多。自己觉得做得不对的、不符合中央"十六条"规定的，就去向军代表反映。是毛主席领导制定的十六条，其中有"要文斗不要武斗"的最高指示。再者，这几位干部都曾是我们的老师，有什么问题该怎么办就怎么办，总不能把人打伤吧？我们是抱着很朴素的阶级感情、很朴素的师生感情来理论院领导被打的问题。

回来以后大家仍余愤未消。大家认为还应该写大字报揭露出来，声讨打人行为。在大家的鼓动下，我也满腔热血、义愤填膺，就执笔起草了大字报，题目叫"卑鄙的行径、可耻的目的"。我们班张发同学用毛笔抄的，署名是"5613（5代表桥隧系，61代表年级，3代表隧班）战斗队"。然后贴在新华斋开水房的东墙上，当时好多人围着看。

我写大字报是针对院系老领导被打这件事，我只针对这件事没针对人，既没提任何群众组织的名，更没点哪个人的名，我就只说这种做法，这是卑鄙的行径。为什么叫可耻的目的呢？孙雨亭是我们的总支书记，他是个老革命，我听他讲过党课。在"文化大革命"开始时，孙雨亭同志敢于与造反组织就一些问题当面开展辩论，可那些人不讲理。那些人毕竟理论知识不如他，辩论不过他，所以就非常记恨他，这不就是报复吗！通过对老领导的人身伤害来使之屈服，这不是可耻的目的吗？

到我们毕业分配的时候，就有人把我写大字报这事揭发出来，成了批判我的主要内容。

---

① 即《中国共产党中央委员会关于无产阶级文化大革命的决定》，中共八届十一中全会于1966年8月8日通过的一项决定。

　　1968 年春节，我是最后离开学校回家过春节的。因为那时候大家都无所事事，不少同学提前回家过春节去了。受他们的委托，我把好几位同学 2 月份的工资代领出来，寄给他们后，才回家。

　　春节过后，大家又都回到学校等待分配。这时各地都提出"复课闹革命"，唐山低年级学生开始复课。桥隧系 65 级的同学就邀请我，问我能不能去峨眉给他们上课。我想想这最起码也是个复习功课的机会，就这么闲待着，也没有任何意思，不如去给他们上课。这次去峨眉还是用的原来开出来的免票。

　　当时连我在内有 3 名同学在峨眉给桥 65 级的同学上课，一位是魏庆昌（以后分配到北京铁路局）；一位是张顺喜（以后分配到武汉铁路局）。到了峨眉，我给 65 级的同学上理论力学课，张顺喜讲材料力学，魏庆昌讲结构力学。这 2 个多月的教学生涯让我重新复习了功课，与 65 级的同学也建立了感情。在峨眉这一段时间过得很充实。

　　到 5 月上旬，在唐山的同学给我写信说，"你是班干部，学校已经按要求安排毕业班的分配了，你快动员大家一起回来吧"。我们班在峨眉的同学虽然不多，但有的愿意走，有的不愿意走。最后大家商量，我们毕业快两年了，应该离开学校了，我们也非常想离开了。这样我们班除一个留下不愿回外，都回唐山了。

　　这是在那场运动中，我在学校主要做了两件事。第一件事是与同学徒步长征串联，躲开学校的混乱环境，也亲身体验老一辈革命家当年干革命的不易；第二件事就是受在峨眉的桥 65 级同学之邀，给他们讲了 2 个多月的课。如果说留在学校等待分配的 2 年中，我还有不能忘记的事情，那就是运动开始，从工地现场回到学校听领导讲中央文件精神，回班上传达并信誓旦旦表态，这不怕那不怕地投身到运动中，但随后即受到批判。还有就是因院系老领导被造反派批斗打伤，与同学一起去找学校军管会的代表，并起草了一张义愤填膺的大字报。这些也是我离校前被要求反复检讨的主要内容。

回到唐山大概是 5 月中旬，军代表就已经进驻到系里组织毕业分配教育了。成立了以军代表和 65 级学生为核心的"分配小组"，组织、领导毕业班的学习、检讨、批判会，要把每一个同学拉回到"毛主席的革命路线上来"。那时在唐山的同学基本上都住在本部，因为我们四年级时就搬到三分部，回唐山本部只能见缝插针，所以我们的同学大部分都集中住在地质实验室的楼上。每天上午全班集中在一起学习最高最新指示、"斗私批修"，逐人进行思想对照检查，发言开头要先背主席语录，然后是副主席指示，再讲学习体会，检讨与时事形势不一致的地方。有的同学很快就过了关，回到了毛主席革命路线上来了。但像原来的班团干部那可不是一两次检讨就算完了的。我与同学去找军代表，起草的那张大字报，还有运动开始传达通知，对新成立"革委会"不表态，不参加造反派组织等都是要检讨的内容，必须上纲上线，自我批判。由于我对有的事情的认识一直满足不了他们的要求，所以大家就"帮"我上纲上线、深挖思想根源。我曾经做过十几次的检查发言，始终没有过关，成为集中"帮助"的对象。说是有意也好，无意也罢，都是每天上午午饭前叫你检讨，大家上纲上线批判一通，让你心情极度低下，这时才去吃午饭，就这么折腾你。一个来月的时间里，我120 斤（1 斤 = 0.5 千克）的体重都减了 10 来斤。一直到 6 月底 7 月初，分配方案下来开始分配了，由于我一直没有写加入造反派组织的申请书，最后在我毕业分配的鉴定上的最后一句是"没有回到毛主席的革命路线上来"。但是毕竟没敢取消我的预备党员资格，我没有其他错误，没做违法的事情，我只不过做了几年班干部，反对打人。毕业鉴定中，对我步行长征还是肯定了的，说是不错的，说我敬仰先辈，敬仰革命传统。

关于分配到哪里去，我想了想，铁路局不会叫我去，铁道科学研究院只一个指标更不会叫我去，我考虑再三就报名去当铁道兵吧，铁道兵在我们班有七八个分配指标。谁知这也犯了忌，桥班一个同学是分配领导小组成员，他说："老蔡，你提那干啥（指主动要求去当铁道兵）？分你哪儿你就去哪儿，你何必自己提？"我说："怎么了？"他告诉我，人家说了，"蔡庆华要上哪里去，就偏不叫他上哪里去"。我说："好了好了，我不说了，服从分配总行了吧？"我相信总得要分配我。同学们都一批一批地离开了，我总得走向工作单位。所以我们班里除分到铁道兵的要政审暂时没有离校外，我是离校最晚的。

我爱我的母校

从小学到大学毕业，17年时间在人生中不算长，但对于人一生的影响是深刻的，尤其是大学阶段的生活。我忘不了我的同学、老师和院系的领导，我希望我的母校越来越好，能培养出更多更优秀的铁路建设者和管理者，为祖国的社会主义现代化事业做出更大贡献。

我1984年到铁道部机关工作，又开始了与部属高校的联系。在政治部时，要考核学校干部，调整领导班子，那时部里每年还要举行一次部属高校主要领导的学习、座谈会，我基本上都到会听取意见。改任副部长后，我除了分管基建外，还分管科技、教育方面的工作，与高校的联系就更多了，对高校的建设也发表过一些意见，尤其是对其前身是唐山铁道学院的西南交通大学的建设、发展更为关心。我记得那还是交大建校100周年之际，中央领导亲切接见了5位交大的校长，并题词要求把交大办成世界一流大学。之后对如何贯彻中央领导指示，做好学校建设，我就曾向西南交大领导讲：什么是一流？现在你们与北大、清华有距离吗？现在北大、清华是世界一流吗？要懂得领导的题词是我们努力的方向，千万要正确认识自己。那是我第一次对校领导谈学校的建设。

2001年，铁路高校交给教育部和地方政府管理时，我参加了多所部属院校的交接工作，代表部党组明确表态，一是希望这些高校办好办出特色；二是铁路永远是这些高校的后盾，在专业学科办学和学生就业上将继续给予支持。我曾任过东南大学的董事，因为南京铁道医学院合并到该校；也任过西南交大董事会的名誉董事长。我2001年前后曾在西南交大董事会的一个座谈会上发言，因当时全国正处在院校合并、把大学办大的热潮中，我说了四句话。第一句是办学规模要适度。我说当年我们入学唐院时，学校才六七个系，十几个专业，学校总人数才3500多人。但学校办得有声有色。我还说，美国加州大学柏克利分校，那可是个分校，但是世界知名。学校不在名字大、学生多，重在你有多大能力就办多大规模。不要与人家比规模，要根据学校的传统、办学的优势、资源条件来办学。第二句是专业特色要突出。唐院历史上土木工程专业有特点，出了不少院士。唐院是依靠铁路兴建的高校，要依托铁路，发挥优势。不要什么专业都想设，不要为挣人头费盲目扩建专业设学科。

不要十个指头按跳蚤，那是发展不好的！在专业上要做专做精，这才有说话的权利！第三句是教师队伍要加强。学校是教书育人的地方。学生是飞鸽牌；教师是基础，是关键，是永久牌。教师的水平决定学生的质量。老师有一桶水，才能给学生一碗水。评教授不能光凭写几篇文章，要看学生对其讲课的反映，要考察教学水平。我们在校时全校也才50来位教授、副教授，但基础课和技术基础课不少是副教授、教授给我们讲的。大学老师的第一责任是给学生讲课，是传道授业解惑，是学生的表率，办好大学必须有一支过硬的教师队伍。第四句是学生管理要严格。学生中独生子女多，尤其是当下生活条件好了，但学生的吃苦耐劳精神、自己动手能力不足。有的认为考上大学就进了保险箱，这是不对的。大学时代是人生的重要阶段，不但是学习知识的关键时期，而且是人生观、价值观的定型成熟阶段。十八九岁的孩子进校，他们还很单纯，他们的父母把他们托付给学校，就是希望他们能成才，所以学校、老师不但要对他们的学习、生活多关心、多照顾，对其思想、身心也要做好引导教育，保证他们健康成长，这才是对学生负责、对家长负责，也是对国家社会未来负责。严格管理要贯穿于学校的教学之中、日常管理之中。有些人可能会有逆反心理，但必须做好疏导工作，这对于学生绝对是有百利而无一害的。

这四句话，我不只说过一次，对交大的几届领导都讲过。我至今也认为没有过时。要办成一流的大学，没有特色专业学科做基础不行，没有过硬的师资队伍更不行，没有好的学风、校风，没有刻苦学习知识的学生也不行！

我衷心期望我的母校继承传统，发挥优势，充分利用各方面的资源条件，在一流大学建设中创出特色，办出成效。

四、走上工作岗位

我是 1967 年 5 月中旬从峨眉回到唐山的，7 月中旬才离开学校，被分配派遣。最终我被分配到"西工指"，即西南铁路工程指挥部——铁路三线建设指挥部，驻地在四川西昌。分配通知刚收到，随即又收到让我们到铁四局（已在"文化大革命"开始由北京迁至云南富源县）报到的通知。工作分配了，我顺便回家了一趟，在家里住了 10 来天就到车站买票准备去单位报到。买票时才知道，湖南那边下雨断道，说 7 月底 8 月初道路恐怕很难通。于是我又回家了，又过了一个星期我再去车站买票才乘车到贵阳，先到铁四局设在贵阳的接待站报到（当时铁四局的接待站设在贵阳市朝阳旅社）。报到时，遇到了我们班其他 5 位同学。我和李国振、巩宝荣被分到第一工程处，其他 3 位同学被分到第二工程处。

实习生的生活

铁四局一处当时有 5 个施工大队、1 个机械修配厂，还有

1 个医院。据说全处有六七千人，全部都在 2208 线上施工。处机关设在 2208 线上的贵州省盘县亦资孔。盘县（2017年被批准为县级市，称盘州市）位于云贵两省交界处，2208线是从贵昆铁路（1968 年刚开通不久）位于云南的沾益出岔，经富源到贵州红果的盘西支线。沿线有煤矿，是为采煤修建在贵昆线上的一条支线。现在已从红果延伸到柏果，再到六盘水市，从沾益到红果，然后到六盘水市又与贵昆线连接起来了。下了火车，去处机关，我们乘坐的是四局一处每日来往于沾益到亦资孔的交通车，由解放牌卡车加个帆布篷改制而成。看了沿途情况，又进一步加深了我对地质的认识。贵州和云南两省交界的地方有一条很明显的边界线，山虽然连着山，但一边是红土地一边是黑土地。这个地质结构很明显是一个大断层，这就是贵州省和云南省的分界线。贵州省这边就是平关隧道，云南省那边就是胜境关隧道，胜境关就是云南和贵州交界的关口。我们到亦资孔处机关报到后，处人事科把我们 3 个都分配到平关隧道的进口——铁四局一处四大队，临近省界，是铁四局一处下属单位中离处机关最远的单位。四大队对面，过了省界就是胜境关的出口，那是铁四局的第二工程处一个大队。平关隧道长 6 千米，这在当时是比较长的隧道了。平关隧道的出口是火铺，那也是一个镇，是一处二大队的住地。我们报到时平关隧道的下导坑和平行下导坑正在施工。我们到那儿干了一年多，正洞的下导坑和平行导坑贯通，上部导坑和拱部衬砌也完成了大部分。

我报到后工作证上填写的职务名就是实习生。我们那时候刚分配的学生开始都是当工人。李国振分到四大队一分队，巩宝荣分到四大队二分队，我分到四大队四分队，都是在工班劳动。这个班有多大？我们班的工棚有 20 多米长，5 米多宽。靠两边全部是用木板搭起的上下两层通铺，一人 1 米宽的铺。靠工棚的一端是工具室和大家集中学习的地方。我啥也没有，就是一个装衣物的包和一套铺盖。

在工班里跟工人一起劳动。上班大家一起出工，下班一起回来，一起吃住。8 小时上班，三班倒。在隧道里干活，一个是出渣，一个是给打风钻的拉水管，做辅助工作，和工人一起做。刚到工地正是 8 月份的雨季，要修路。工人认为我使不动锹，所以叫我抬筐。实际上抬筐是压在肩上，真没干过活的人，肩是不能抬的（我在农村长大，是抬过筐的）。抬筐还算轻松点，在那儿等着他们装，然后抬走。工人对我还是不错，都叫我老师。不久我们就都进到隧道里面了。我们大队的分工：一分队打平行导坑，二分队打下导坑，三分队综合搞运输，四分队打上导坑和拱部扩大。我是四分队的实习生，主要是参加隧道上导和拱部扩大劳动。我的腰部就是在那儿受的伤。在上导扩大拱部后，由于岩石破碎，需要打扇形支撑，底部托梁是用 5 米长、小头直径 30 厘米的东北红松，由两人从洞外抬进去。当时我抬大头，并走在前面。已经到了上导坑，但上导立有排架支撑，高度只有一米六七。我们要过去，必须低下腰，这时我的腰"咔"的响了一声，就感到疼痛难忍，直不起来了。旁边工人赶紧接过去，扶着我去了大队卫生所，打了封闭，在床上躺了 7 天，从此落下了腰肌劳损的毛病。

铁四局一处最大的特点就是在山里边施工，是 2208 线最里边的一个处。工地在农村、山区，跟外界没有更多的联系，明显折腾少。同时，一处新职工都是 1966 年前后从贵州招来的轮换工。还有一部分年轻一点的职工，是我们这个处参加治理鹰厦线病害的时候招的福建籍工人。老工人都是 20 世纪 50 年代参加工作的，大多是河南和山东人，还有一部分是江浙一带的，他们多是修蓝烟线和萧甬线的老工人。这支队伍是修蓝烟、萧甬线的两个局合并的。然后修宝成线、兰新线，先是叫西北工程局五处，后整建制调到福州局改叫福州局工程处。治理完鹰厦线病害以后又整建制划归华北局，到京广线的南段修长沙至衡阳段的复线。"文化大革命"开始后，为响应毛主席建设三线的号召，又全部调到西南修 2208 线去了。这些职工普遍文化程度偏低。尤其是在贵州招的轮换工，文化程度更低。所以我到那儿的时候，他们叫我蔡老师，直至现在仍然叫我蔡老师。我教他们学文化，给他们讲毛主席的《实践论》《人的正确思想是从哪里来的》等。年底处里评学习毛主席著作积极分子，我还当上了处级先进。这是我在基层当过的唯一一次先进，而且是在做实习生的时候。我做了管理工作以后，再也没有当过先进。因为我认为当干部，组织已给你相当高的奖励了，不能再与工人争荣誉。

2208 线的平关隧道，那个工地很偏僻，不靠村镇。职工队伍中也有两种不同观点：一种是以比较年长的同志为主，另一种主要以年轻人为主。老职工有不少是中华人民共和国成立初期参加工作的，是从旧社会过来的。我刚来，"两种观点的人"都来找过我。他们说："你参加我们的组织吧，你又是党员，又有文化。"我说你们都是"革命的"，我是来接受再教育的，你们叫我做啥我做啥。所以我是哪种组织都不参加。当时分到四大队的学生除我们 3 个唐院毕业的外，还有 1 个北大毕业的、3 个南京铁道医学院毕业的。另外还有几个中专生。工人中虽然有两种观点，但我报到后，从没有见过他们之间的激烈争辩，也没有影响正常生产。可见，铁四局一处还是比较平稳的。

我们虽然生活在山沟里，但大队广播室每天都按时开机广播中央台消息。这期间外面发生的大事件，如第九次党的代表大会召开了，毛主席的最新指示发表了，要去游行；处、大队革委会成立要庆祝，要表态。因为我们是学生，接受再教育，别的不表态可以，但对中央的、上级的有关指示总得有个态度吧。所以分队里的板报就由我和技术室的测工负责。抄报纸拼成一大块贴上去，定期更换（从来没有我们自己写的内容）。大队广播室除了转播中央电台消息，就是各分队写稿子。在分队中我文化水平是最高的，分队党支部要我写广播稿、表态，我就抄报纸，组织一篇广播稿，请调度员代表分队去念广播稿。因为我学过制图，写美术字还可以，所以在工余时间按分队党支部的要求，在工棚外墙上用红油漆刷写标语口号。遇到其他的事我就说"我是接受再教育的"。因为不理解，咱也没有这个能力去反对、去扭转，所以就没有参加。这一年多的时间就这样过来了。

做技术工作

在 2208 线的平关隧道劳动一年多后，我们工程处突然接到上级命令，要到新的工地。那是 1969 年的 11 月，全处全部调到新工地。这次接受的任务有些特殊，是因为要到毛主席睡不好觉的地方——焦枝线^①。实际上在这之前，四局的第五工程处已经被调到焦枝线上了，与我同时分到四大队的两位同学已被抽到五处帮助做技术工作，我当时正在参加处里的整党工作，才没有与他们一起被抽调到第五工程处去。焦枝线是自河南省焦作，经洛阳、南阳和湖北的襄樊到枝城。铁路专业队伍主要是第四工程局、大桥工程局、郑州铁路局工程处的队伍和北京铁道学院的学生。修路的民工是由武汉军区组织的两省民兵。

我们工程一处被调到焦枝线，把 2208 线剩下的工程交给铁四局二处，由他们来继续修。我们到了焦枝线，四大队一分队、四分队和三大队在河南洛阳境内打龙门隧道。四大队的二分队、三分队打申岑隧道。我们是从沾益站乘火车，走了 4 天多到河南境内陇海线上的洛阳东站下的火车。行李用汽车运，

---

① 焦枝线是自河南省焦作经洛阳、南阳、襄樊到湖北省枝城。全长 772 千米。1964 年 5 月 15 日至 6 月 17 日的召开的中央工作会议上，毛泽东在《在中央工作会议上的讲话》中发言道："……搞三线要搞快一点。建设要快，但不要潦草，三线建设不起，我睡不着觉……" 5 月 27 日，毛泽东主持召开了一次中央政治局常委扩大会议，专门研究第三线建设问题。所谓三线，是基于当时的国际环境，中国进行积极备战而将中国按区域划分的。第一线是沿海；第二线是中部地区；第三线是后方地区，包括西南的云、贵、川，西北的陕、甘、宁、青。对于三线建设，毛泽东考虑的重点在四川，而攀枝花又是重中之重。他说：攀枝花不搞起来，我就睡不着觉，一定要下决心搞。会上，毛泽东提出，要加快成昆、内昆、湘黔、川黔几条线路建设。毛泽东说，西南三线，不仅修铁路，搞钢铁和煤，机械、化工、军工等什么都有才好。我们把三线的钢铁、国防、机械、化工、石油、铁路基地都搞起来，那时打起仗来就把不怕了（见逄先知、金冲及《毛泽东传》，人民出版社 2003 年版，1361-1362 页）。在备战思想的影响下，毛泽东认为万一战争打起来，京广、津沪线被打瘫痪了，南北大动脉就中断了，而有了焦枝和枝柳铁路，南北交通就不会中断。1969 年秋，周恩来紧急召见孔庆德将军，将修建焦枝铁路的任务交给了他，并说："焦枝不建成，主席睡不着啊！"孔庆德采用了一种惊人的方法：从河南、湖北调集 80 余万民兵，师、团编制，由军官指挥，多点同时开工（本报记者石蕴璞：《焦枝线：铁路建设奇迹》，《洛阳日报》2009 年 8 月 26 日第 1 版）。

全部人员从车站步行了近 20 千米到了龙门煤矿。刚开始，我们全部都住在煤矿的大礼堂里。我们这个分队先在龙门隧道进口施工，因为分队只有测工，原来技术员被批判，也病休了，不能上班，这时候就把我拉去代理技术员了。

这毕竟是我学过的知识，我做过测量，那就是抄平打中线，很简单。就这样我开始做技术工作了，开始在龙门隧道的进口，打了几十米下导坑，工程处又调整队伍部署，把进口让给三大队，我们四大队的两个分队全集中在出口和横峒。龙门隧道有3000 多米长，为了加快施工进度，尽快建成龙门隧道，除了进口、出口外还打了平行导坑，并且在中间开了 2 个横洞和 1 个斜井，增加作业面。整个工地除了工程单位的人，还有多出工程队人员三四倍的民兵，下导坑里、平行导坑里到处都是人。为了早日修好焦枝线，刚开工就提出越提前建成越好。龙门隧道属焦枝铁路会战总指挥部下的第十指挥部领导。

我记得 1970 年元月份指挥部开会，要求五一前必须铺轨过龙门隧道。这个任务很重啊！当时参加会议的有处领导、大队技术室负责人和各分队的技术人员，大家都不说话，我们都知道不可能完成。三大队负责隧道进口和靠近进口的斜井施工，出口段和隧道的横峒施工是四大队，我们四分队负责出口的下导坑和上导扩大等工程。这时候三大队的斜井还没有打到隧道中线位置，3000 多米的隧道若在五一前后铺轨，至迟在 3月份就要全部贯通。时间太紧，大家都没把握。

指挥部领导说这是毛主席睡不着觉的地方，不行得做工作，得破除迷信、解放思想。他说，不就是 3000 多米长吗？2 个横峒和 1 个斜井，各有 2 个工作面，加上进出口，还有平行导坑，有 10 来个工作面。1 个工作面我们一天打（掘进）多少？他就问："你们知道不知道咱们的钻爆法，铁道兵1个工作面一天打多少米吗？"我们大队有个技术员冒出一句："10米。"领导说："不对，14米！我们10个工作面一天能打多少？140米！10天就打1400米！一个月就能打通了。"而这时候，斜井还没开挖到正线位置，他就这样算，所以我们就笑。他最后就自我解嘲说：咱们退一步，12米行不行？不行按10米，我们两个月也打通了。反正大家不说话，觉得肯定完不成。

到最后实际上是5月份才打通下导坑的，为了向党的生日献礼，要求我们必须保证七一前铺轨过龙门隧道。所以，在下导坑贯通后，在中间多处开花，挑顶搞上导坑和断面扩大。在大部分地段没有衬砌的情况下，在6月底总算铺轨过去了！7月1日，在中国共产党成立49周年的纪念日，焦枝线通车了，成为献给党的生日的一份厚礼。从开工到通车，仅仅8个月时间，修建了号称800多千米的焦枝铁路。各级都大力宣传表扬。①

通车是通车了，但是还有不少工作没完，还得补上，我们就留下来继续做，所以又在出口正线上插铺了一组道岔，修了近百米的岔线，以便停车卸材料。这也是我第一次参加道岔铺设。这个岔线主要是用来卸水泥、装运钢模板等。民工队伍基本回去了，留下铁路工程队伍做路基防护工程。我们技术组补做了施工资料，整理竣工文件。我们管内的工程除隧道衬砌外，到11月份才把影响行车的部分工程干完。施工资料连同剩余工程交给了郑州局。

1969年11月份到龙门隧道，到1970年的11月份刚好一

---

① 见本报记者石蕴璞：《焦枝线：铁路建设奇迹》，《洛阳日报》2009年8月26日第1版。其中，北起陇海铁路、南至龙门伊河段的路基任务完成仅仅用了56天。在中央发出的贺电中称"焦枝铁路创造了铁路修建史上的奇迹……为多快好省地修建铁路，开辟了一条崭新的道路"。

年，我们又全处离开了焦枝线到了枝柳线。这是焦柳线的南段，从湖北枝城向南进入湖南的石门、慈利、大庸（现张家界）、古丈、吉首，过怀化进广西，终到柳州，与湘桂线相接。铁四局一处负责湖南境内工程，处机关设在吉首，四大队在最北头，住在古丈县。技术员的工作到一个新工地，首先要接图、接桩、搞复测测量。由处施工科统一组织，设计单位向施工单位交桩、交设计图纸。当时时间比较充裕，我们分队接管的那段有桥、有涵，还有一座隧道。接图后，我把管段内图纸看了一遍，并把曲线上桥梁的斜置支座坐标复核一遍。那个时候没有计算机，我用 8 位对数表来检算。我把我们分队负责的桥隧涵图纸都复核了一遍。

在湘西，我工作了 4 年多。到湘西，我们分队先是在枝柳线的古丈段，建了点，搞了复测，但只是个别工点开工。1970年 12 月军代表进驻工程处，四大队改称四营，四分队改叫十七连（全处连续排列）。不久我们全营（大队刚改成营）大部分人员调到湘黔线接替第二工程局十二处施工的烟溪隧道施工，让我负责营里的技术工作。1971 年 10 月完成后才又回到枝柳线的古丈段。回到枝线后，我又连续在连里做技术员。1972 年 11 月工程局又下令把营改回称工程段，连改回叫工程队。我在连队不到两年又调到段施工技术室分管机械设备。如有队里技术员回家探亲，我再去队里代理技术员工作。我们在湘西的枝柳线上参加了江底坳、窝槽河、万岩等隧道和龙鼻嘴大桥的施工。1973 年处里给我补了个处革委会委员。1974 年 7 月我们这个工程处整建制调到山东胶济线，把剩下来的工程全都交给了第二工程局。

去山东是因为国家引进 30 万吨乙烯制造设备，这个设备需要从国外进口，从青岛港进来，用铁路运输。由于是大件运输，原来的老胶济线标准低，曲线半径小，需要进行改造。因为生产需要，上级也决定同时改建部分区间，修复线。于是就把潍河大桥、淄河大桥再加上周村到王村这一段（是德国人 70 年前修的，都是半径比较小的曲线段）交由我们工程处先改造施工。我们段就负责周王区间。我是第一批去的胶济线，负责段里的技术工作，主要组织交桩、复测，重点工程开工放线等，还要编施工组织。当时施工图都没有，就是在现场与设计院的同志沿线走一趟给点资料，就叫编制管段内的施工组织。既没有完整的设计资料，也没有明确的定额指标，怎么编？处施工科万志华工程师就给我讲："你就这样算，土方一方一个工天，石方一方五个工天，按这样来算都行了。排出一个大概的劳动力需求，要多少天修完。"我就按万工的意见排出了一个工天需求量，按段里上来的人数，再求出一个总工期报上去了。

从事管理工作

全段上到胶济复线工程后，因为我是第一批上来负责接桩、开工等，所以就继续负责段里胶济线的技术工作。1975 年1 月初，处里通知我说："你去参加潍河桥和淄河桥的架梁去。"我说："怎么叫我去？这是一段、二段施工的桥梁。"处领导说："叫你去你就去！"正好这个时候我老岳母病危，家里给我发了两次电报。我拿着电报说："不行，家里人病危了，我得回去。"因为我老父亲年迈，母亲去世早，我爱人在地方一所中学教书，孩子都是我老岳母照看的。段里准了我的假。我回去连带休假，过了一个来月，这是我工作后第一次在家里过春节。参加工作这么些年来，还没有在家过过春节。

到家 3 天后老岳母就去世了。过了春节回到段上，就接到了通知，提拔我为副段长。说实话，我没有想过要当副段长，这让我感到很突然。我们的段长是个壮族同志，我上任后他即调到济南铁路枢纽指挥部去工作了。行政工作就我一个人，真是忙得焦头烂额，感到没有依靠。还好，两个月后处里又配了一个副段长，是个从基层选拔的老同志，领工员出身，我主持全面工作。从此我们两个人合作负责全段工作。

当副段长主持工作后，我碰到的第一件事儿是我到施工现场检查工程施工情况，一位队长在组织涵管的挖基工作。因为刚下过雨，那个基坑里都是泥水。基底处理不好要影响承载力，也无法进行下一步施工。我说："你怎么能这样做呢？"他说："你说怎么做？"他资格老，认为我不会做。我说："你能不能先挖个集水坑，把水排一下，不能泥、水一起挖，影响基底的承载力。挖到标高后铺垫上一层石渣，然后晾一晾再做？"因为我刚当副段长，又年轻，他很不服气。我知道他是个老同志，也就无所谓。因为我毕竟学过这些知识。我给他讲了一些道理。再加上图纸也有介绍，最后他还是服气了，按我的意见做了。

我相信，到现场去只要不摆架子不打官腔，尊敬老同志，先听听他们的意见，然后再修改他们的不足，他们都会支持你。最后我和段里领导及各工程队同志的关系搞得都非常好。一年之后，也就是 1976 年年初，我就当了段长。

我们这个段有 1000 多人，是一个综合工程施工单位，负责几十千米的线路。1975 年 9 月又接到通知，要我们段负责的周村至王村间的胶济复线改线工程停下来，去建济南枢纽。我们又全部拉到济南枢纽去了。既有的津浦线上的黄河大桥建造时间早，通过能力低，并且济南老站区的车辆编解能力严重不足，影响津浦和胶济线的畅通。所以，要在济南西郊曹家圈建一个黄河新桥，并在济南的西郊修一个大型编组站。我们段和第三工程段，后来一段、二段也都一起从胶济复线工程拉到济南市西郊，修编组站和联络线来了。

为了做好进点的安家和生产安排，我决定来个实地调查。1975 年 9 月底，我去济南枢纽工地调查，当时还下着雨，我冒雨把我们段分管的地段走了一遍。新的黄河大桥工程由大桥局施工，从大桥头开始包括枢纽内的下行到达场、编组场、出发场（当时济西枢纽先建下行系统），上下行正线在站场外侧形成外包，在南头新建水屯站，修联络线引入既有津浦线上的白马山站和党家庄站。曹家圈黄河新桥由大桥局施工，已经开工二年了。当时，济南枢纽指挥部要求在 1976 年雨季前，也就是 7 月 1 日前修通外包正线，分流黄河老桥的车流。我们段负责先建黄河大桥南头至二道坝外包上下行正线上的桥涵工程，路基填土由铁四局机械筑路处负责。为保证 1976 年 7 月 1 日开通外包正线，我们必须在 3 月底以前完成桥涵施工，留出 3 个月时间给别人做土方施工和铺轨。所以我们段从 1975 年 10 月进场安家到完成桥涵，只有 5 个多月的时间。我记得元旦、春节都没有放假，我们段连续 3 个月，每月完成 1000 多立方米的小桥涵混凝土的灌注任务。那时全是小型搅拌机，四五次也才能拌一方混凝土，所以大量的是人工拌合，并且是在冬季。水泥、碎石、砂子全部是我们段租用处汽车队的车从外边运过来的。有一次，我组织从白马山站卸水泥运到工地，卸火车、装汽车、再到工地卸汽车，半天运了 1000 多吨。我那时年轻，直接组织和参与卸车，到晚饭时已累得走不动了，也不想吃饭。

这期间有一件事给我留下了深刻的记忆，那是我们段四队在黄河大桥头线路所引向济南站北端北园站的联络线上跨小清河的一座 16 米的现浇钢筋混凝土梁的施工中（因靠近下行正线，所以要一起施工），在拆模后发现现浇梁沪端支座附近有蜂窝麻面，侧面有空洞，怎么办？有的说："就一块，修补一下算了。"我与段技术室工程师商量认为："不行，这是我们在枢纽打的第一片梁，要报废、凿掉、重打！"老队长哭了，不少同志都不同意。我顶住压力，做工作，说服大家，用了 3 天时间凿除全部混凝土、重新灌了梁。虽然这是在联络线上，但却教育了大家。我们段以后再也没出现类似的质量问题。在参建各方的共同努力下，济南枢纽的上下行正线（外包线）1976 年 7 月 1 日开通。但是到了当年的雨季，因路基填料采用的是就地取材的沙质土，高路基又没有片石护坡，发生了大范围的溜塌问题，我们段又投入了路基边坡的治理工作——抛填片石和干砌护坡工程。一直干到这年的 10 月，之后全段开始站场内和联络线上的桥涵施工。

1976 年 9 月 9 日，伟大领袖毛泽东主席逝世。我是当天下午骑自行车从工地检查后回段部的路上听到中央人民广播电台广播的。听到后，我不敢相信，下了自行车，停下来一直听完哀乐才回过神。不知不觉中，眼泪流了下来，心情极度悲痛。我没能再骑车，而是推着走回段里的。9 月 18 日，按照处的通知要求，段部搭了一个简易的灵棚，挂上"沉痛悼念伟大领袖毛主席"的横幅。那天正好下起了雨，就像是上苍为毛主席的逝世而哭泣！处里组织我们段就近的职工在灵棚前列队，冒雨收听了中央人民广播电台对北京天安门前举行的全国追悼大会的转播。

粉碎"四人帮"之后，各项工作逐步走上正轨，我们段主要集中进行站场小桥涵的施工。1977年初夏，处党委组织部门的几位同志来到我们段，指名要与我谈谈段里的工作情况。听了我的汇报后，还要我把我们段第一工程队在队伍建设和工程管理方面的情况写个总结。要我自己动手写，并交代第二天早上交出来。因为我们工程段这两年来工作走在全处前面，安全、质量、任务都完成得不错，工程段几位领导很团结，工作都摆在那里，我自己动手写不成问题。吃了晚饭，我就骑了辆自行车到一队。因为在上一年的9月我曾根据上级"干部要下去与大家同吃、同住、同学习、同劳动"的要求，在一队"四同"住了一个来月。并且"四同"快结束时，正好中央广播宣布了粉碎"四人帮"的消息，我还与职工一起座谈过，情况熟、职工也熟。我立即请队长召集队干部、工班长和几位老同志召开座谈会，就工程队这两年来加强队伍纪律建设、工程管理和保安全、保质量的措施讲具体事例，座谈会开到晚上10点多。根据大家讲的事例和意见，又与队长做了简要商讨，即动手写，一直到第二天早上5点多成稿誊清，匆匆赶回段部交了总结。他们让我休息，尽管从前一天早上起床到交卷，我已24小时不曾合眼，但此时已没有了睡意，我把客人送走后就又上了工地。

当时，对这件事我没有其他想法，认为就是对我们段工作的肯定，写好材料，交上去就行了。也就是过去2个多月，到了这年的8月份，工程处召开生产技术方面的会议，我让段总工去参加会议。因为当时我们工程段就配了一个党委书记、一个副书记，一个工程段长和一个副段长，还有一个总工程师。副书记还被局里抽去到第六工程处搞整顿去了，副段长回家休假了。会议的前一天，处领导突然打电话通知我，必须来参加会议。我还在电话里解释总工程师已去参加会议，我能否不去。处领导坚持要我到会。到那儿以后，处领导拿出铁道部第四工程局的任免令，任命我为处革委会副主任。看来党委组织部门的谈话和要求写的总结，可能是对我的考察吧。我没想到会提拔我到处里工作。我说："我们段里没人。"处领导说："组织上会安排派人的，你就老老实实在这儿不要走了，主持会议。"当时处机关设在淄博市周村，那时候处领导班子还叫革委会。

济南西铁路枢纽位于山东省济南市西郊，是当时我国铁路建设的重点项目之一。整个工程包括新建的济南西站编组场等7个车站，还有新建的机务段、车辆段和济南黄河双线铁路大桥，线路延长212千米。同时，还建有宿舍、学校、商店、医院等生活保障设施。房建总面积近18万平方米。我们一处主要负责桥涵、站场土石方和铺轨工程，因枢纽地处黄河南岸，本地的土质不合格，外包线就地取土填筑路基，雨季滑塌就是教训，站场路基填土必须远运。所以我们利用刚建成的外包正线从党家庄附近的皇上岭运了近千万方土。我进入处领导班子后，因年纪最轻、学历最高，就分工负责现场施工管理，所以在济南西枢纽及其联路线施工中，虽然机关有一间我的办公室，但除开会回机关外，我基本上一直住在施工现场。枢纽的房建工程由建厂局负责施工。1979年济南枢纽一期工程基本建成。总体工程1982年10月才全部完成。整个枢纽建成投产，对于改善济南地区列车编组作业的条件，完善运输组织，提高津浦线的通过能力，加速晋煤外运，促进国民经济的发展，都具有重要的意义。

济南枢纽一期工程基本完成后，1979年夏天，又通知我们处到合肥去考察合肥枢纽，我就带了一部分同志先去查看工地。工地踏勘是由工程局领导和施工处的技术人员带队，与四局四处、机筑处等单位一起，从合肥市北边的双墩集一直走到肥东县的撮镇、桥头集。

局领导确定把合肥枢纽施工任务交给我们一处和四处、机筑处。参加合肥枢纽踏勘现场的人不少，包括局里的总工程师、业务处的领导、工程师，设计院的总工程师和专业工程师，我们处再加上四处、机筑处的一大帮人，从双墩集走，两天走了20多千米，要看现场，要交线路上的重点桩位，全靠步行过去。那是1979年8月份，也是最潮热的时候，上午下午都热得一身汗。

济南枢纽二期工程正在进行中，需留下一部分队伍继续施工。处领导班子里我最年轻，所以处党委研究决定由我先带队伍上去。我们处一共5600多人，我带了3000多人上了合肥枢纽。过了一段时间，我就给处党委书记讲："这里生产是我负责，能不能来一个政工干部，我总得有个商量工作的人吧。"最后处里让处政治部副主任来到合肥。在那里我选定了处机关的驻地以及处修配厂、机筑段的驻地。把机械化筑路段和三段安排在枢纽中间的位置，把处修配厂设在枢纽靠近肥东县店埠镇附近，一段安排在桥头集附近。就在上合肥枢纽的队伍建点施工中，1980年春节刚过，铁四局党委通知我参加部基建总局举办的干部培训班。这是在北京门头沟铁三局四处由总局组织的处级干部经济理论学习培训，一直到6月才结束。学习一结束，我赶紧回到合肥。这时队伍已安顿好，桥涵和路基土方施工正在进行中。突然在 1980 年国庆节前，接上级通知，因为国家经济调整，压缩基建，在建工程都要停工，要求我们立即停止施工。这时，我是合肥、周村两边跑，工作重点在合肥枢纽，开会又回周村，处理工程遗留问题又到济南枢纽。我们这个处从 1974 年到山东境内施工，铁四局党委就把全处党的关系交由济南铁路局党委代管，到 1980 年已经代管我们有 6 年了。1980 年下半年开始国民经济调整，基建压缩，从 10 月起施工队伍处于维持状态，尤其是新上的合肥枢纽基本上是停工待命。1981 年 6 月，铁道部正式下令，从 1981 年 7 月 1 号起，取消铁道部第四工程局一处番号，整建制移交济南铁路局，更名为济南铁路局第二工程处。在合肥的队伍就逐步撤回山东去了，到 1981 年年底全部搬完。这支队伍又回去做济南枢纽二期和胶济复线工程去了。

五、任职济南铁路局

没想到的任命

1982 年 8 月的一天，我刚从胶济复线工地回到处机关，党委书记郑德龄对我说："老蔡，局里找你有事，咱俩一起去一趟。"当天我们就坐汽车从周村到济南，五六十千米，要一个多小时。局党委书记江楠同志接见了我们。江书记问了一些处里的工作情况和我的家庭情况，他说，"庆华同志，铁道部政治部下令，你任济南铁路局局长助理"，并宣布了部政治部的任免通知。这又是一次突如其来的任命，之前我没有收到任何消息，感到有些措手不及。江楠同志鼓励我，并安排了来局后的住房。我问什么时间报到。江书记说马上要过来。局管基建的副局长是位老革命，已 70 多岁了，需要我抓紧报到协助他工作。就这样，我 8 月下旬上任搬家到济南。孩子 9 月份开学了，儿子和女儿都转学上济南铁二小。这次工作的变动，是赶上了邓小平同志干部队伍"四化"的指示要求。所谓干部"四化"，是指干部队伍革命化、年轻化、知识化、专业化。"文化大革命"结束后，我国干部队伍存在年龄偏大、文化层次偏低、管理能力不足等突出问题，已经不能适应我国现代化建设的需要。着眼于推进改革开放和社会主义经济发展的新形势，邓小平大刀阔斧地推进人事制度改革，尤其在领导干部的选拔培养上提出了"四化"的基本方针。1980 年 8 月，邓小平提出为了在经济上迅速发展生产力和政治上充分发扬人民民主，"组织上，迫切需要大力培养、发展、使用坚持四项基本原则的、比较年轻的、有专业知识的社会主义现代化建设人才"。当时，不少老同志还担心年青人经验少，不能担负起重任。我记得邓小平同志说过，"同志们回想一下，我们中间许多人当大干部、做大事，开始的时候还不是二三十岁？应该承认，现在一些中青年同志的知识，比我们那个时候并不少。经过的斗争考验少一点，领导经验少一点，这是客观条件造成的。不在其位，不谋其政嘛。放在那个位置上，他们就会逐步得到提高。"① 当时，邓小平同志在多次会议上反复强调，选拔培养中青年干部，实现干部队伍的"四化"。1982 年 4 月，在《全国铁路工作会议》上，陈璞如部长提出为了"调整班子打好基础和逐步实现各级领导班子的革命化、年轻化、知识化、专业化，各单位一定要继续抓好选拔、培养优秀中青年干部的工作"②。

1982 年 12 月下旬，铁道部调整济南局领导班子，任命我为

---

① 1980 年 12 月，在中央工作会议上，邓小平同志正式提出："要在坚持社会主义道路的前提下，使我们的干部队伍年轻化、知识化、专业化，并且要逐步制定完善的干部制度来加以保证。提出年轻化、知识化、专业化这三个条件，当然首先是要革命化，所以说要以坚持社会主义道路为前提。"邓小平还强调，老干部要把选拔和培养中青年干部，作为第一位的、庄严的职责。希望所有的老同志在这个问题上都有高度的自觉性。到年底，干部队伍"四化"的要求就推开了。

② 《两个文明一起抓中的抓好五件事——陈璞如谈铁路职工面临的繁重而紧迫的任务》，《人民铁道》1982 年 4 月 30 日第 1 版。

济南铁路局常务副局长，铁道部部长陈璞如到济南局亲自宣布局领导班子的调整。当时我是最年轻的，刚满 41 岁。为此，《人民铁道》报还报道了这个消息。这一报道，就有人给路局值班室打电话了，问这个蔡庆华是不是唐院毕业的那个蔡庆华。那时候我家乡的人都不知道我原来做什么工作，我的许多同学也不知道我在干什么，只知道我是个工程师。

分管全局基建工作

我到局里报到后，首先了解了全局的基建情况——除济南枢纽二期工程外，重点是胶济复线工程，主要由铁三局和济南工程一处、二处施工。9 月，我决定沿胶济线走一趟。从历城站出发，我一个人，背一个书包，凡正在施工的区间我就步行，凡没有开工的区间我就乘火车。这样断断续续用了一周时间，先后在章丘、周村、张店、潍坊、高密等地方小旅馆住过，最后到青岛，了解全线的工程情况。10 月份以后又参加和组织了两次陇海复线商徐段的工程验收活动。从此，我从施工组织者过渡到了建设的管理者。

在济南生活的 10 多年时间，也是我这个工科出身的技术干部收获最大的 10 年。我不仅参加和组织了新线建设，还组织了复线工程施工和管理，更主要的是参与了济南枢纽一期工程的全过程。从带队伍进点施工桥涵，到组织管理全部工程的施工，最后又由我组织了这项工程的验收接管工作。全过程的参与和组织，大大丰富了我的工程施工和管理经验。

企业整顿和处理事故

从 1984 年年初开始，根据上级规定，企业行政领导要参加厂长经理任职考试。我们局局长张同生被抽去参加第一期学习培训和考试。部有关部门决定让我暂时主持行政全面工作。这中间有两件事让我难忘。

一是为加强企业管理，提高办事效率，对企业进行整顿。由于"文化大革命"的影响和改革开放刚刚开始，职工队伍的劳动纪律比较松散，生产效率不高。济南铁路局党委决定全局分级开展企业整顿工作，并首先从局机关开始，整顿劳动纪律和部门作风。当时职工上班迟到早退是常见现象，我与局办商量抓劳动纪律先抓职工出勤考核，早上 8:00 局办公室派人到大门口登记迟到人员。为支持局办工作，开始时，我连续两天在 8:00 前到局大门口检查，很快机关迟到早退现象就大大减少了。再是抓机关大院乱存乱放现象。因济南西编组站刚开通不久，职工宿舍还未建好，且大部分职工都是从各站段调整去的，大多住在市区内。为方便职工上下班，局特意增开了济南站到济南西的通勤车，在济南西上班的职工就从市内骑自行车到车站后，乘通勤车去济南西站。因路局机关就在济南站前边，机关大院南北都开有大门，所以不少职工就从南门骑车进机关，把自行车随便放在院子里，从北门直奔车站去乘通勤车。这样路局机关不但成了上下班的通道，而且成了自行车存车场，严重影响了机关办公环境和工作纪律。所以我建议封堵北门，由济南西各单位给职工发市内交通费或自行车存车费（后来了解各单位大都已发给自行车存车费）。大门查迟到早退、整顿劳动纪律，封北门、改善了机关环境，整顿了机关秩序，得到了大多数同志的赞成，但我也从其他地方听到了反对的声音，遭到一些人的非议，说局领导不抓大事。对此，我平淡对待，过了一段时间大家都理解了，机关的劳动纪律和大院秩序确实大大好转了。

再一件事就是旅客列车火灾事故的处理。做领导工作就要担当责任。1984 年 5 月 14 日，从济宁开往三棵树的 117 次旅客列车在沈阳铁路局的大红旗车站附近发生了火灾事故。车上乘坐的大多是从山东去东北的农民，带的细软行李都比较多。不少是去东北准备孵小鸡、卖小鸡的，所以带了不少用竹片编制的竹筐，并且内外都糊了一层报纸。7 号车厢旅客吸烟，把烟头掉到竹筐里，当时又是天干气燥的季节，一下子就着火了。旅客不懂列车上的消防知识，纷纷打开车窗往外扔。不扔还好，一扔，风一吹，火借风势把车厢行李架的行李点燃了，结果烧坏、烧损 3 节客车车厢，造成旅客 6 死、22 伤，直接经济损失30 余万元。我们局派了分管机辆的副局长带队去现场处理事故。尽管事故的主要责任在济南局，但对火灾中还把列车拉到车站，我们的副局长提出了不同意见。后部里点名要我到部里参加交接班会议。有关领导对我提出要求：第一，眼睛向内，查清责任；第二，你必须亲自带队到沈阳局去，做好善后处理。当时正召开全国人大会议，我们济南路局江楠书记是人大代表。我在部里参加完交接班会后，立即赶到山东代表团住地，向江书记汇报了情况以及部里的要求。下午我又赶到北方交大（现为"北京交大"）厂长经理考试培训班，向正在学习的张同生局长作了汇报。按照部里的要求，局里成立了事故处理组，并由我带队，由路局工会主席和分局的政治部主任、列车段的书记等组成工作组到沈阳局处理善后。我们先到了沈阳，与沈阳局领导交换了意见，感谢沈阳局的协助，又到医院慰问了住院伤员，还到长春空军部队去慰问了参加救援的同志。一个多星期才结束工作。为什么要去部队呢？因为火灾发生时，有驻长春空军的几位同志在车上帮助抢险，得感谢人家。所以去了医院、去了部队、去了铁路局，又到事故现场看望和慰问了车站职工和守桥部队的官兵。做完这些事情才回山东。

铁道部最后下发了 117 次旅客列车重大火灾事故调查处理通报，决定给予负有领导责任的济南铁路局党委书记和主持行政工作的我行政警告处分。由我主持召开了济南局的全局电话会议，传达了铁道部的处理通报。我做了检讨，并宣布了对这次事故有关人员的处理意见。《人民日报》、中央电视台等 33 家新闻媒体摘要转发了铁道部的通报。就因为此事，我被点名处分了。当时我老家的亲属看到这个消息都愣了，他们不了解情况，都替我担忧。当然，这件事是个深刻教训。

六、改行做政治工作

赴京考试

从沈阳回到济南已是 6 月初。没过多久，部里干部部通知我，部党组研究决定，要我参加中央党校招生考试。我问："考什么？"部政治部干部部的同志回答："你来了就知道了。"当时铁道部抽两个人参加中央党校理论班学习考试，铁路局的是我，工程局的是孙永福同志。

在铁路局事情那么忙，哪有时间去看书？而且我也不知道考什么，一点准备都没有，通知我来，要我考试前两天必须到。干部部的同志说，你可以找孙永福局长，他可能有一些复习资料。我找到孙永福，他只是带了他孩子上中学有关的学习材料。第二天，我们乘铁二局驻京办的车从铁道部招待所一起去中央党校看了考场。考试时间大约是 6 月 27 号吧，考试的内容非常宽泛，天文地理、古今中外。上午考社会科学方面的知识，试题中我印象最深的几个问题：一是填写不久前中央公布的 14 个沿海对外开放城市，还有个是批判"异化论"的，再一个是关于罗马帝国什么时间建立，什么时间灭亡等知识。试卷是 8 开的纸，正反两面共 3 页都有题，考试时间 3 个小时。下午考自然科学方面的知识，考了微积分、三角函数、弱电理论等。考完试后我就回济南了。到 8 月下旬，部干部部通知我准备到中央党校学习。

当时为什么要考这个试我也不清楚，也没问。通知我准备到中央党校学习，9 月 1 号开学，2 年制。我准备要交接工作了，仅仅过了 2 天，突然又接到通知："你不用参加学习了，参加部里办的厂长经理第二期培训班。"厂长经理班已经办过一期，也就是我们局长参加的那期，从 2 月份到 7 月份。我要参加的是第二期，9 月 15 号才开学。

铁道部履新职

可是这个班还没有开学，9 月 13 日左右，部干部部又通知说："你不用参加厂长经理班了，来部里一趟。"我问："什么事？"干部部的同志说："你就来吧。"其实接到通知前几天我刚去了铁道部，我是到部里要油、要钱的。那时候济南局刚配了 200 台 ND5 内燃机车，进口的。但没有柴油指标，我跑到部里要了 500 吨柴油指标，还要了 500 万元。我经常到铁道部去，除了开会，局里有事情都是我来跑，我也不带秘书，经常一个人跑部里。这一次我依然是一个人来的，穿件短袖衫，干部部二处副处长王彦海来接我。北京站当时正在修天桥，济南至北京的客车终点站改在永定门车站。王彦海见面就说："庆华同志，部里任命你当政治部副主任了。"我大吃一惊："啊？！什么意思？"王彦海再次说明后，我才明白，但我犹犹豫豫地说："我没做过政治工作呀。"他说："走吧，我们给你找个地儿先住下。9点钟去李际祥主任（曾任铁道兵副政委，时任铁道部政治部主任和铁道兵合并到铁道部后成立的工程指挥部党委书记）办公室。"上午9点我在王处长的引领下，准时到了李主任办公室。李际祥主任见到我说："庆华同志，铁道部党组织研究决定，叫你任铁道部政治部副主任，排在我的后面。我是经常不来的，你办公就在这间房子里就行了。"他对秘书白万科说："小白，你那个桌子让给蔡主任，你到那边办公室去。"他还说了一套政治工作怎么重要、怎么好，现在主要是抓铁道部整党工作的事。工作的事情交代完后，他说："你有什么意见？"我说："李主任，我没有做过政治工作，我不来行吗？"他说："我是军人出身，军人以服从命令为天职，这是第一；第二，这是部党组研究决定的，你如果有意见，你去找陈部长。"我忧心忡忡地说："这怎么办？"李主任说："其他不说了，服从分配，十一观礼票给你准备了，上观礼台去参加35周年的国庆观礼。"我当时来北京就带了个牙具袋，原本以为只是部里有新任务交代，很快就会回济南的。

李主任接着把政治部办公室高宝安主任和组织部孟广仁部长找来，要他们给我准备办公用品和介绍情况。李主任还有事就先走了，让白秘书带我见其他副主任。当时政治部还有 4 位副主任，一位是张长庚同志，是位老革命，是 20 世纪 80 年代初从中组部调来的，已经 62 岁了；一位是陈春森同志，也是位老革命，年龄比张主任还大，他们两位都出差不在北京；还有一位是齐英同志，分管老干部和机关党委工作；还有一位分管宣传的郭安智同志，他是上半年刚从中铁 19 局党委书记任上调来的。张主任、陈主任都是 60 多的老同志了，齐主任都 50 多了，郭主任也是 1935 年出生的，比我大六七岁，都比我的资格老，我才 40 多岁，叫我排在前边，我压力很大。

政治部副主任相当于正局级，并且是政治部常务副主任。但我很不情愿，这不光是没有思想准备，而且我从来没做过政治工作。尽管"文化大革命"以前我就入了党，但我没有专门从事过政治工作。在队里当技术员的时候我只是一个支部委员，在段里的时候任过党委副书记，到处里的时候是党委常委，到局里是党委常委，但那都是兼任的。所以在政治工作方面，比如如何做党的组织工作，如何做宣传工作，那都有一套多年形成的工作规律，可我却从来没涉及过，很多东西是不了解的。

做政治工作和干工程，是两个完全不同的概念、不同的领域。我一天政治工作的领导经历都没有，连基层政治工作都没有做过，让我怎么当政治部的副主任？我感觉真的不会做，完全没有信心。所以李主任走后，我无奈地对高主任和孟部长说："我能不来吗？"他们笑着说："还是服从安排吧！"我说："我连最简单的生活用品都没带，我得回去啊。"他们两个其实很明白我的想法，就笑着说："那你回去吧，早点来报到。"

接着由白万科同志引领见了政治部领导，见完后，我还是想听听陈璞如部长的意见。我就找到部长办公室，陈部长去上海局了，只有党组秘书汪乾庆同志在屋。我与汪乾庆认识，就向他诉说我的意见，希望他能向陈部长反映一下。汪乾庆同志笑着说，党组研究了，你就边干边学吧。你一定要找陈部长，我与上海局联系一下。他拨通了上海局电话，找到跟陈部长去上海的杨万三秘书。万三同志讲陈部长正在会上讲话，等会儿问问。约半个小时，万三同志传达了陈部长指示，让我服从组织安排。我再无话可说了，中午汪乾庆同志给我买了午饭。

我回济南以后就对济南局江书记说，怎么会让我去做政治工作呢？江书记笑了笑，对我说："你可以的，没问题。"我依然不自信，说我没做过，也确实不会做。他说："不会就学，你年轻，可以学，学了之后你没有问题。"我心里依然不情愿，所以一直拖着，只要部里不催我，就不交接工作。从9月15日一直到10月15日都未办工作交接，部里打电话问："怎么还不来？10月20日要开全路社会主义精神文明建设表彰会，你必须来，不来要给你处分。"

没办法，我只好利用了一个下午，向刚提拔的局长助理交接工作。

一个下午，连水都没有喝，我就把几个重点工程的进展情况介绍给他，把手头的资料全都移交给他。当天晚饭党委几位同志说，要为我送行，一起吃顿饭。一个人掏5块钱，因为为我送行，不让我掏（这之前我们班子为张德老局长到成都安家送行，也是每人交5块钱），那是1984年，就自掏费用。就这样我们班子一起吃顿饭算是为我开的送行会。

我第二天与济南局政治部主任杨桂秀同乘一趟进京车，坐在一个包房，到部里参加社会主义精神文明建设会。他是一个老同志，我就请教他说："杨主任，政治工作怎么做，你得给我讲一讲。"他就给我讲了有关政治部的组织机构和各自分管的工作。说政治部，一是组织工作，二是干部工作，三是宣传工作，四是老同志工作。那个时候还有一个落实政策的工作，"文化大革命"结束以后要落实政策。当时还有一项重点工作就是整党。他说干部工作就是考察人头，了解干部的情况，用好干部；宣传工作就是学习领会党的方针政策，围绕铁路中心工作做好宣传贯彻；组织工作就是抓好党的基层建设，发展党员，建设好党支部，发挥党员和党支部的作用；审干落实政策工作是当时政治工作的一个重点，即解决好"文化大革命"中的遗留问题。他还告诉我说，可以找点资料自己多看看。

等我来到部里报到以后，才明白为何调我到政治部。"文化大革命"结束后，中央落实干部政策，一批老同志重新回到领导岗位。但是随着改革开放的推进，形势的发展更需要一大批有文化有专业知识的干部，所以铁道部门与其他部委一样在20世纪80年代初即组织了大规模的干部考察工作，选拔后备干部。1983年、1984年中央下发通知，凡55岁以上的老同志一刀切，让一批年轻同志走上领导工作岗位。

当时部考察组在济南局考察的时候，有人推荐我当局长，让时任局长当书记，他比我大了近10岁。但是有老同志说我不是科班出身，我是学工程的，铁路局得由学运输的来当行政领导才行。时任局长就是从行车部门一级一级干上来，虽然没有大学学历，但是他是从车站值班员做起的，搞运输出身，所以推荐我任局党委书记。

为什么叫我到政治部工作呢？当时考察的时候，我是党委书记人选，并且报到铁道部来了。铁道部政治部副主任张长庚同志是从中组部来的，比我大近20岁。张主任是个老革命，山东人，他当时负责干部工作。路局党委书记在55岁左右的一个是济南局的江楠书记，还有一个北京局的刘克天书记，刘书记比江书记年纪还大。既然把我列为党委书记后备人选，部政治部就打算让我到北京局来接刘书记。在研究上报党组方案时，张主任说："我比克天还大，叫他接克天不如先接我。"所以，我没有留济南局，也没到北京局，直接到了铁道部政治部接了张主任。张主任管干部，高风亮节，首先从自己做起。就这样，铁道部党组经过研究，叫我来铁道部当政治部常务副主任，分管组织、干部工作。

在学习中探索、实践

我开始了边学边干的过程。首先找了党的组织工作手册、干部工作手册来看。尤其是我们的老部长刘建章，他给我推荐了好几本书，重点是干部管理的小册子，他说："小蔡，好好看看这些书"，还说"知人才能善任"。老部长是 20 世纪 20 年代入党的老党员，经常提醒我要注意的问题。还有一批老同志都给我了不少帮助和指导。我借了不少关于党的建设和干部管理的资料，还让干部部、组织部给我找领导讲话和有关材料，我一边学习，一边与大家一起干，并在工作中注意向同志们学习，尤其跟着长庚副主任学习，熟悉、摸索做组织工作、干部工作。

蔡庆华（右一）在铁道部政治工作会上发言（图片由本人提供）

李主任抓大事，具体事情都让我去做。我做得不对的地方，他不会批评我，只会委婉地说这个事情是这样的，应该这样处理。我做对了他就说："行，你就去做吧，该给党组汇报的事情你直接找部长去汇报就行了。"他不干预具体工作，多是鼓励我。张长庚同志更是经常给我讲他多年做干部管理工作的经验。当时是陈璞如任铁道部部长，陈部长也是放手让部下干事的老革命。1980年年中，丁关根同志接任铁道部部长，他抓大事、抓长远，也放手政治部的工作。

那时候部里正推行厂长经理负责制，当时整个铁道部现职局级干部大约有1000多人，政治部只管党务干部，即党委和群团系统的局级干部，人事局管行政干部。我在政治部就是分管组织部的工作，负责党群系统的局级干部和党组织的建设工作。

我到铁道部后的第一件事情就是参加整党动员和教育活动，当时政治部的工作重点就是抓整党。我参加了几个系统的整党会议，在齐齐哈尔车辆工厂开的是工业系统专门的整党工作会议，在杭州分局召开的是运输系统的整党工作会议，在合肥铁四局和株洲机车厂还分别参加纪检和落实政策的工作会议。

再是，当时干部工作的重点就是实行干部的"四化"。铁道部干部队伍中一大批老同志，在粉碎"四人帮"以后，重新走上了领导岗位。但是由于十年的"文化大革命"，老同志大都到了55岁左右的年龄，有的还更大一些。事业要发展，总要有接班人，所以邓小平同志提出干部要"四化"：革命化、年轻化、知识化、专业化。

我记得我第一次去铁路局调整领导班子是在1984年12月

28 日，全路工作会议刚结束，我和张长庚副主任去呼和浩特铁路局，带着组织部、人事局的同志。这也是我到部政治部后调整的第一个班子。当时呼和浩特铁路局党委书记是丁一同志，老革命；局长是李昌元同志，工会主席是朱永生，还有几位副职。这几位同志都在 55 岁以上，并且都是粉碎"四人帮"以后重新走上领导岗位的老同志。为了干部队伍的"四化"，部党组把洛阳分局的党委书记吴昌元（1946 年生），任命为呼和浩特铁路局的党委书记；宫树清同志原来是哈尔滨局的一个分局长，任命为局长；还有一个女同志，叫李海霞，任命为局党委副书记、政治部主任；乌仁斯琴，蒙古族的女同志，任命为局党委纪委书记。宣布任命前要先和自治区交换意见，然后和老同志谈话，宣讲党的干部政策。有些老同志不太理解，我就到他们家去。我跟他们宣讲邓小平的指示、"四化"要求，也听取他们的意见。为了让他们能够理解部里的决定，我首先肯定他们："你们老同志都为革命做出了贡献，你们的心情我也理解，但是事业是发展的，你们今天退下来是为年轻人腾出位置，为呼和浩特铁路局的发展做出贡献，退到二线还可以做一些工作。"我还恳切地对他们说："别看我们今天年轻，但你们的今天就是我们的明天，我们也有这一天，我们大家都有这一天。"这些老同志理解了中央要求，都非常支持部党组的决定。呼和浩特铁路局的班子调整后已到 1984 年年底。新年一过，我们又去乌鲁木齐铁路局和兰州铁路局进行干部考核。

在政治部副主任职务上，老实说我一直在武装自己，努力学习和掌握政治工作是什么、怎么做，为干部队伍的"四化"做工作，按照部党组的部署组建"四化"干部队伍。同时我也进一步学习了解了铁道部政治部建设的历史变化，认识到部政治部的地位、作用，也坚定了做好政治工作的信心。

政治部的工作在我的分工里还有一项重要工作就是党的基层组织建设。根据铁路各业务系统的特点，经过几年的调研，在组织部、宣传部的共同努力下，我们认真研究分析了铁路系统党的建设的历史和现状，分别考察了沈阳铁路局叶柏寿工务段三十家党支部和济南铁路局烟台车务段山前店站党支部的建设情况，总结了铁路党支部建设的基本经验，明确了铁路基层党支部的地位、作用，我与大家一起起草制定了铁道部政治部第一个《铁路企业党支部建设纲要（试行）》，提出了铁路基层党支部建设的指导原则、主要内容和工作目标，明确了各级党委抓支部建设的职责、方法等一系列重要问题。同时，考虑到党支部书记是党支部工作的主持者和带头人，在基层党的建设中肩负着重要责任，为做好党支部书记的选配、培训和考核工作，切实加强党支部书记队伍建设，又以铁道部政治部名义制定并下发了《党支部书记岗位职务标准》。据了解，二十多年来，《铁路企业党支部建设纲要（试行）》虽已做过几次修订，但还是按照这个原则去执行。

在政治部副主任任上，我做的主要工作：一个是按党组决定做好调整干部工作；一个是研究探索适合铁路特点的基层党支部建设的有关问题。

这期间，还有两件事使我不能忘怀。

第一件事就是 1986 年 8 月中旬，中组部干部四局的同志通知我，让我出一趟差，带上外套。并没有说到哪儿，与谁一起去，只是让我做好准备，近几天就出去。我向时任部长丁关根报告，他也不清楚到哪儿去，也只以为中组部布置的考察任务，让我服从安排。

记得是 8 月 19 号，通知我上午 9 点到西郊机场。到了机场见到中办的同志，才知道是随时任中共中央总书记胡耀邦同志去青海省考察调研。在历时十多天的考察调研活动中，随领导到了青海省的海南州（同仁）、海北州（门源）、西宁地区、海西州（德令哈）和八县一市，并乘坐由我们铁路安排的火车从西宁到格尔木市，考察了青藏线的西（宁）格（尔木）段。

耀邦同志听取了省里工作汇报，接见了老同志。耀邦同志本打算去黄河源头（玛多县）视察，因考察途中患了感冒，在大家的劝阻下作罢。耀邦同志在青海省厅局级以上干部会议上发表了重要讲话，充分肯定了党的十一届三中全会以来青海省的工作；分析了青海的优势，提出了青海的发展战略；特别强调要求大家认真学习《邓小平文选》中《党和国家领导体制的改革》这篇文章，指出"这是政治改革的纲领性文件"，强调要"坚定不移地进行经济体制改革，坚定不移地进行政治体制改革，同时坚定不移地加强精神文明建设"。

这次跟随耀邦同志考察调研活动，使我开阔了眼界、增长了知识、加深了对改革的认识，也学习了领导的工作作风和方法，增强了做好自己工作的信心。我目睹和感受到了耀邦同志平易近人和深入实际的工作作风，严格要求自己和简约朴素的生活习惯。我曾听说，耀邦同志说过要在其任内走遍祖国的每一个县。在十多天的考察调研中，他入农户、进工厂、听汇报，找基层干部座谈，认真听取基层的声音，鼓励基层干部的工作，教导干部根据本地情况，灵活引导群众致富，提高群众生活质量。他与大家同坐一辆车，除感冒期间外，与大家一桌吃饭，没有一点特殊。他亲自主持会议听取随行人员的意见，修改接见青海党政军领导的讲话。他还专门听取了铁路有关情况汇报，尤其是进藏铁路（西格段已开通）的情况，鼓励铁路部门管好西格段，早日修建格尔木至拉萨段。他每天不论出去考察还是召开会议，都坚持收看晚七点的新闻联播。一次，因会议结束晚，他与大家一起，看完新闻联播才吃晚饭。他始终穿着一双后跟已磨偏的皮鞋，一套半新的休闲西服。党的领导人的生活、工作、学习作风，这些都给我留下了深刻印象，是我永远学习的榜样。

第二件事就是铁路系统的思想政治工作决不能放松。那是耀邦同志逝世后不久，于1989年春夏爆发了一场政治风波，多所高校被波及。我们铁路也有高校被牵扯进去了。我对首都部分高校的一些学生到天安门广场静坐、示威的行动非常不满，对个别动乱分子打出的口号、制造的事端更是反感。我认为我们需要的是安定团结，千万不能再乱了。我按部里要求，多次参加有关会议，听了国务院领导的指示和要求，更坚定地认定铁路系统不能乱，铁路院校不能跟着跑。

5月份的一天，部机关印刷厂有几名职工，在食堂门口贴出告示，号召大家去天安门广场声援静坐的学生。中午饭时间他们就聚集在东附楼楼下准备出去。我的办公室就在东附楼三楼，接到报告，我立即叫上政治部办公室主任冯九章、主持铁道团委工作的副书记安立敏、行管局党委副书记高凤翥同志（准备出去的都是他们部门的职工），来到机关大门口，我们把住大门，明确要求任何人不得以铁道部的名义去天安门广场。我们几位向在场职工讲：铁路是半军事化、集中统一指挥的行业，谁都不能以铁道部名义、不能打铁道部的横幅出去。后来屠由瑞副部长也到大门口与我们一起做劝阻工作。这样僵持了近一个小时，他们看到支持他们的人不多，快上班了，也就四下散去，这时我们才去吃午饭。

为做好铁路院校师生的稳定工作，在一个多月的时间里，我与宣传部、铁道团委、教育局的同志先后五次到北方交大、一次到天安门广场了解情况，与校领导商讨对策，做学生思想工作。其中有两次去学校给我留下了深刻印象：一次是与教育局的同志到校医院看望参加天安门静坐绝食后体力不支抬回学校的学生。学校领导给大家讲，铁道部政治部的领导看你们来了！有的很兴奋。寒暄几句后，我就问他们是哪里人，家是农村的还是城市的，你们的父母送你们上大学希望你们来干什么。他们不愿意听这话。但我紧接着讲，你们的父母是让你们来学习知识的，学生的任务就是学习。要珍惜时间学好知识，学好知识才能报效祖国。我特别提醒他们，说你们还年轻，不要被一些别有用心的人骗了。虽然当时有的学生扭过头去，做出不愿听的样子，但我坚持讲道理、宣讲中央的要求。我坚信，我讲得没错，我相信他们在以后的生活实践中会认识到对和错。

再一次那是 6 月 14 号。6 月 9 日邓小平同志接见军队干部发表了重要讲话，讲得太好了！他指出那场风波是极少数人先搞动乱，后来进一步发展到反革命暴乱。旗帜鲜明！他强调要坚持十一届三中全会以来的基本路线、基本的方针政策不动摇。我与宣传部的同志到北方交大中层干部会议上传达、宣讲小平同志 6 月 9 号的讲话精神。在宣讲中，我再次强调学生是来学习知识的，教师是教书育人的。尤其是对刚进入大学的学生，他们涉世不深，带着一种优越感，因此教师要教育他们正确认识自己。我特别强调，老师是学生的带路人。学校是学生学习知识的地方，学校各级领导和教师要为他们创造学习条件。我说我当学生的时候就特别崇拜老师，尊敬老师，是老师传授给我知识。我特别强调："要知道老师们的思想影响着学生！"那一次我足足讲了50多分钟，对一些错误的言论和行为做了批判。

出任北京局党委书记

从1984年9月，我在部政治部副主任的岗位上干了7年多。到1991年12月，部党组讨论让我到北京局任党委书记，给我讲的原因是，领导认为我缺少基层经验。从政治部副主任到北京局任党委书记，应该算一个插曲。

我知道到北京局首要的就是要搞好党政团结，才能做好工作。那个时候企业管理体制实行厂长经理负责制。到任的第二天，局报社的总编就到办公室找我，见面后他说："我是路局报社的总编，这么早就冒昧地打扰您实在不好意思，因为我有个很难办的事情一定要向您请示。"我对他并不熟悉，问他：有什么事还那么客气？他介绍说，局里报纸对党政主要领导的讲话，在版面安排上谁在头条，谁在二条，让他费了神，也挨过批评。已到年底，局里的活动多，外单位来拜访的多，党政领导都出面，很多会议党政领导都讲话。比如我来局报到，召开了局机关中层以上干部会议，各分局也通过电话会议进行收听。他说："昨天，既有局长讲话又有书记讲话，我怎么放？"看他为难的样子，我略做思考，带着征求他意见的意思给他说："别为这事犯难，党委书记、局长都是党的干部，行政、党务都是党的工作，两个人的讲话都是一致的，只是角度和强调的不同。我建议，凡是行政事务、对外活动，党政领导都参加了，那就把局长放在前边；凡是党委工作、工会、共青团、纪检工作等党群系统活动就把书记放在前边。这不是书记一个人的问题，这是一个总的原则。可以吧？如果你觉得拿不准的时候，局长比我年龄大，他是老大哥，比我参加工作早，你就把他往前排，我绝对不会去计较，别为这些事情影响了你们的工作。"这位总编听了我的意见，连连点头："好，好！"这件事也使我更进一步知晓了路局的有关情况。我认为，如果党政之间在谁前谁后、谁大谁小上争，这就坏事了，那还怎么开展工作啊。这位总编后来调到了《人民铁道》报当副总编，还经常来看看我。他说："蔡书记，您对我帮助很大。"

为了促进党政之间的和谐，我就主动做工作。当时路局的行政干部由局长办公会议研究决定，党群干部由党委会议研究通过。局长是党委副书记参加党委会议，那我不是行政领导，我不能参加行政的会议。我想有一个"三重一大"要求，我在政治部副主任位置上的时候提出过这个问题，我到北京局就细化了"三重一大"的具体做法，把重大问题尤其是干部任免讨论决定的程序等做了具体要求。"三重一大"即重大事项、重大问题、重要干部选拔、大额资金使用等这些问题必须上党委会集体研究。比如选拔行政干部由局长办公会先提意见，最后党委讨论同意，发行政任职令。这是根据当时的情况建立的制度，这样做的目的其实是让大家都有规可依。

当然了，后来党管干部的原则进一步明确了，行政干部也要经过党委讨论决定。"三重一大"只是制定个办法，以便大家遵守。其实重要的还是党政之间要多交流，遇事多沟通。所以那时候我认为需要交党委讨论的问题和需要党政先沟通的事情，就先给局长打电话。他说在，那好，我马上过去找他。当时北京局领导是在一栋只有两层的老楼房里办公，我们都在二层，他在东头，我在西头，我放下电话就到他那儿去通报情况，商讨工作。连续跑了四五次后，再打电话，他一听是我，不等我说完话，就往西头来了。我说这就是"两好搁一好"，党政之间就要这样，没有谁大谁小、谁说了算的问题，只要是正确的，谁说了都算。你总想说了算，一旦你说错了，听了你的，那会是什么后果？所以"兼听则明、偏信则暗"。从此以后，我们两个都是主动找对方商讨工作。并且局长提议：凡行政办公会议，必须叫上我参加，并且发表意见。

到北京局任党委书记，我给自己定下一条规矩，抓紧熟悉情况，尤其是基层一线生产站段的情况，这也是做好路局工作的基础。所以1992年新年一过，利用一年多的时间，北京局的6个分局我都去了，与分局领导都谈过话。路局下属的400多个站段的大部分，我都到过他们机关或车间做调研。我要熟悉站（段）主要领导，听听他们的意见和想法。天津分局、石家庄分局和临汾分局的所有站段都去过，分地区召开了站（段）长、党委书记座谈会议。因时间的原因，还有大同、太原和北京分局分别剩了一个地区没有走到，就是大同分局的朔州地区、太原分局的榆次地区、北京分局的承德地区。

在北京局只要不开重要的会议，我始终都在基层搞调研。同时我与局长的沟通和联系也越来越紧密。到1992年年底的时候，我本被安排到承德铁路地区调查研究，局长说："春运了，你先别下去了，要去咱俩一起去，你自己去不行。"可以看出，我们两个就是这么互相尊重和支持的。他比我大，是老大哥，无论到路局下属单位检查，还是参加部里和地方的会议，我们两个出去就同乘一辆汽车，有事随时随地当面商量。这个事就说明，只要大家互相尊重、互相体谅、遇事多沟通，就可以做好工作。

我在任北京局党委书记的一年多时间里，到基层调研也好、开会也好，重点就是要抓好基层组织建设，要在生产中发挥党组织的核心作用和党员的先锋模范作用，基层党支部要成为这个单位的战斗堡垒，党员要成为班组的一面旗帜。我给站段领导一直强调："你们是铁路运输的基层单位，安全也好，生产也好，没有你们，这个火车跑不起来，轮子转不起来。基础工作必须做好打牢。"我任政治部副主任时就提出要做好"三基"工作，要抓基层，打基础，练好基本功。党委工作抓什么？党委书记做什么？就是要围绕铁道部和铁路局的中心工作，做好人的工作，抓好思想工作，调动广大职工的积极性，使干部职工心平气顺，劲往一处使，干好本职工作。

当时我还给站段的同志特别强调一个观点，就是北京局应该具备首都意识、争先意识，要做一流的工作；在党建工作上要发挥好三个作用，即党委的政治核心作用、党支部的战斗堡垒作用、党员的先锋模范作用，把北京局各方面的工作都提升到全路的前列。1993 年年初，我在丰台机务段参加安全生产1000 天活动的时候说："咱们可是北京铁路局，是首都铁路局，要做第一位的工作，要有一种舍我其谁的思想，就是各项工作要争上游、争一流。"

1993 年年初，在路局党委民主生活会上，我总结 1992 年北京局党委的工作时说："去年党委主要抓了这样几项工作：一是抓学习，举办各种培训班和读书班，学习贯彻邓小平同志视察南方重要讲话和党的十四大精神；二是抓各级党委主动参与改革和经济工作，经常了解运输生产情况，主动服务；三是抓了班子内部的团结和协调，制定了有关制度；四是抓了廉政建设。"我工作的不足之处是，与行政处室干部和临汾、太原分局的班子谈心不够，对基层还没有做到完全了解。这也可以作为我在北京局任党委书记一年多的总结吧。

重回政治部

1993 年 3 月下旬中组部下令，经中央批准，让我任部党组成员、政治部主任，回部工作。因为在这之前北京市工业工委组织部分企业党委书记出国考察精神文明建设的活动正在准备中，我是考察团成员之一。经时任铁道部韩杼滨部长（兼任政治部主任）同意，我可以在考察学习后再报到。1993 年 4 月底我把北京局党委的工作交接后，就又回到政治部。

政治部的工作首当其冲的自然就是抓好全路职工的思想政治工作，抓全路党组织建设，充分发挥各级党组织的作用。5 月 25 日召开了全路思想政治工作会议。在会上，我做了工作报告，充分肯定了这几年来在韩杼滨部长（主任）的领导下，全路思想政治工作系统所做的工作，发挥的重要作用，积累的宝贵经验。总结了各级党组织坚定不移地贯彻党的"一个中心、两个基本点"的基本路线，以生产经营为中心，围绕改革、安全、路风和重点工程建设，大力加强和改进思想政治工作；面向基层，突出重点，坚持抓好基础性工作；制定规范，搞好建设，促使政治工作步入科学化的轨道；选树典型，整顿后进，不断扩大先进层面；改进作风，注重调研，准确把握干部职工思想脉搏；岗位锻炼、培训提高，大力加强政工队伍的自身建设等八个方面的工作和经验。当时，铁路运输严重制约国民经济发展，迫切需要引导干部职工树立危机感、紧迫感和责任感；

铁路历史大发展的态势，迫切需要动员各方面力量，调动一切积极因素为之奋斗；铁路深化改革和走向市场，迫切需要教育职工解放思想，转变观念，进行正确思想、理论引导。所以，面对新的形势和任务，铁路思想政治工作必须要有新的作为、新的发展，力争使全路思想政治工作登上一个新台阶。我在报告中提出，在铁路的改革和建设中，必须进一步加强思想政治工作，用建设中国特色社会主义理论武装全路干部职工，增强贯彻执行党的基本路线的坚定性和自觉性，围绕经济建设中心，全面落实规划，加大工作力度，充分发挥党组织的政治核心作用，为争取"八五"后三年的全面胜利做出贡献。我说："只有这样，才能从思想上、组织上保证党的基本路线一百年不动摇，才能切实肩负起领导铁路改革和经济建设的历史重任。"为此，要适应社会主义市场经济的建设和发展，建立铁路思想政治工作新机制。当时我们的设想就是：全路的思想政治工作要建设强有力的组织领导；精干高效的工作机构；专兼结合的宏大队伍；全员、全过程的工作范围。

1994 年蔡庆华在长沙北站行车室检查工作（图片由本人提供）

　　会后，为推进贯彻全国铁路政工会议精神，6 月 22 日，我参加了物资总公司的政工会议。在会上我号召"物资战线上的广大干部职工，要认清自己的历史责任，增强紧迫感、危机感、责任感，肩负起历史赋予的重任"。6 月 28 日，政治部召开深入贯彻全路政工会议精神的电话会议，总结了一个多月来全路贯彻落实政工会议精神的情况。为全面推进思想政治工作，我强调要做好四个方面的工作：第一，深入学习，把握全路政工会议精神实质，使其深入人心，渗透到各个领域、各个环节，成为广大干部职工的精神动力和自觉行动。第二，服务中心，保证生产及各项任务的完成。第三，抓住关键，带动各项工作的整体推进。第四，转变作风，抓好各项工作全面落实。10 月25 日，在京九铁路建设现场召开了全路重点工程建设思想政治工作经验交流会，总结了重点工程会战以来的思想政治工作，全面部署了决战"八五"后三年的思想政治工作任务。我提出："思想政治工作要根据会战超越常规的特点，紧紧抓住生产中的关键环节，强化服务保证功能。"

全路重点工程建设思想政治工作经验交流会（图片由本人提供）

1995 年春节在成都火车站检查春运工作（左二为蔡庆华，图片由本人提供）

　　总之，我坚持认为思想政治工作就是要为铁路改革与发展提供坚强保障。政治部就是专门负责铁路职工思想政治工作和基层党组织建设的工作机构。1995 年 11 月 23 日，我在中宣部、经贸委召开的中央部委关于如何做好企业思想政治工作的座谈会上讲："发挥党组织的政治核心作用，是做好企业思想政治工作的重要组织保证。改革开放以来，我们经受住了淡化党的领导、削弱思想政治工作错误思潮影响的考验，保持了完整的政工机构，没有在'中心''核心'这个问题上搞无谓的争论，而是始终强调党政共同对企业负责，按照中央'三句话'的原则要求，党政共同对企业经营目标、经营行为、经营成果和精神文明建设负责，推行'双向纳入、共同负责'的做法，使党政领导目标同向、决策同定、工作同步、责任同负、考核一体，党对企业思想政治工作的领导得到了可靠保证。"

　　在政治部工作期间，加强领导班子建设和基层党组织建设仍然是我工作的重点。有一个路局主要领导的调整给了我新的教育和启示。那是 1993 年 9、10 月的事。按照干部"四化"要求，10 年前局处干部是 55 岁一刀切，都要退出领导班子。这个路局的局长是位老同志，身体很好，也很能干，但这时他过 60 岁都几年了，也应该退下来了。在这前后政治部组织过 3 次考察，这位老同志推荐的人选群众通不过，考察组认为不合适。考察组听取意见提出一个人选，这位老同志坚决不同意，几次反复考察，意见不能统一，但班子必须调整。我向韩杼滨部长汇报，那就尊重他的意见，就让这位同志推荐的人选来试试。但是要把这个班子加强一下，可以给他配个第二书记，这是铁路系统第一次在一个路局配有两位书记，并从部里派去一位纪委书记。党组会议讨论通过了这个方案。过了国庆节，我带队去宣布。

1994 年元旦刚过，这位老同志就给我打电话承认在接班人的推荐上的错误，并讲了 3 个多月来出现的问题，提出这个人不能胜任领导工作，他诚恳地说："我真看错人了。"这说明，一个领导者不但在位时要努力工作，为党做出贡献，而且还要选好接班人。一个单位的主要领导，不仅需要你自己能干，更需要将自己制定的计划、政策一直坚持下去，一张蓝图干到底，这才是你的本事和智慧。

当然，后来的情况证明这个路局那位老同志竭力推荐的那个接班人是不称职的，他工作中违规违纪，受了党纪、政纪的处分。这个事情的教训是很深刻的。我从这件事情上，就做了个总结，我说调整班子重要，选好后备干部也非常重要。

同时，在工作中，我还认识到，即便是新调整的领导班子，即便是班子里年轻干部比较多，也要建立后备干部队伍。因为班子中每个人的工作都可能因需要而随时变动，突然哪一天你调走了，你说谁来接这个岗位？不能离开了某个人，这个地方就不转了，我说那不是好办法。我在这儿和不在这儿，这个地方的工作都要一直做下去，把集体决策、规划的工作继续干下去，并且干得更好！你能选出这样的接替人选，才是你的本事！

到 1996 年年初改任副部长，我在铁道部政治部主任的位置上就算干了 3 年。这 3 年时间，遵照中央的部署，按照部党组的要求，依靠政治部各位同仁的共同努力，重点抓了这样几项工作：

第一项是继续做好基层党组织的建设，检查《铁路企业党支部建设纲要（试行）》落实情况。一是健全基层党组织，要求有党员的地方就要建立党的组织，尤其是运输基层站段，人员分散，党员少。经过调查研究，要求车务段根据情况，四、五等站建党小组和联合支部。二是要活动起来，完善"三会一课"制度，要求路局、分局党委要加强对党支部活动的指导，站段党委要配专职组织员。三是为保证政治工作开展，在铁道部下发的定编定员中，特别明确政工人员的比例不少于职工总数的 1%，并向一线专职党支部书记倾斜。四是从部政治部做起，加强对基层党支部书记的培训。针对不少基层党支部书记未做过党的工作、兼职人员多的情况，由部党校开办支部书记培训班，做出示范，要求各路局党校也要开办支部书记培训班，保证支部书记 3 年内轮训一遍，新选任的支部书记要先培训后上岗。五是根据旅客列车上乘务工作特点，在总结试点工作的基础上，制定了《旅客列车"三乘一体"党支部工作规则》。要求在全路旅客列车上，将客运乘务员、公安乘警和车辆检查员中的党员组织起来，建立"三乘一体"党支部，充分发挥党支部的战斗堡垒作用和党员的先锋模范作用。

第二项是建立领导干部定期考察和后备干部制度，加强领导班子建设。我们党的历史经验表明，搞好革命和建设，路线是根本，干部是关键。铁道部党组下发了《关于进一步加强领导班子建设的意见》，抽调人员对部属单位领导班子进行全面考察。在此基础上，对局级班子做了较大幅度的调整、充实和交流，一批年轻干部走上了领导岗位，党政正职进一步年轻化，干部能上能下和交流制度得到贯彻。领导班子得到了明显的加强，结构趋于合理，整体功能进一步增强，思想作风有了较大进步。

对于后备干部队伍建设，也做了政策的完善。本来铁道部后备干部制度就是比较规范的，在干部队伍"四化"中，部、局、处都建立了后备干部队伍。在部党组的支持下，政治部实施了后备干部建设"1112"工程，即部党组掌握局级后备干部1000名，其中重点培养党政正职后备100名，近期能进局级班子的100名，40岁以下优秀年轻干部200名。

经部党组同意，政治部建立了领导班子考察制度。做到在5年内组织两次考察，同时也对后备干部进行考察，实行滚动管理，优进劣汰。1995年4月，部党组组织了7个考察组，历时8个月，对部署单位领导班子和后备干部进行了大规模考核。我和政治部各位副主任、组织部部长多次分别带队深入各路局、工程局、工厂、院校组织班子的考察工作。政治部部务会不定期听取和研究考察情况，不断完善后备干部名单。为此，我还在中组部召开的全国干部队伍建设会议上做过经验介绍，专门讲了我们是如何组织领导班子考察和建立后备干部队伍的。

此外，还重点抓了局级领导干部的学习。每年举办三到四期局级干部学习研讨班。同时，继续举办领导干部进修班，培训部机关、部直属单位、高等院校处以上干部。

第三项是在年轻干部的使用上，提出大胆使用20世纪80年代初毕业的大学生。铁道部政治部在领导班子滚动考察中看到青年干部少，而"文化大革命"后恢复高招毕业的大学生已有10多年的工作经历，基本都还在下边，必须选拔一批到站段一级基层领导岗位上任职。经党组同意，从1995年开始，要求每个站段要逐步配一名1982年后毕业的大学生进班子。这一决定受到基层的欢迎，在不到3年时间里，一大批"文化大革命"后毕业的优秀大学生走上了站段和分局级领导岗位。中组部对此给予了充分肯定。

当然这些工作都是依靠大家做的，也是在部党组的领导下应该做好的事情。

七、回归本行

主抓基建

1996 年 1 月份，我改任副部长，开始主管全路基建工作，一直到 2003 年 7 月份退到二线。1996 年 1 月下旬，宣布对我的任命令以后，我就把政治部的工作交给了盛光祖同志，并向他介绍了相关的工作情况。

将政治部工作交接后，我开始了对在建的几项大工程的考察。

我考察的第一项工程是京九铁路。京九铁路连接 7 省 2 市、贯通 24 个地区和 8 个县市。京九铁路的建设对于缓解南北运输紧张状况、完善路网结构、增强铁路运输的机动性和灵活性有着重要意义和作用。1993 年 2 月 20 日，国务院京九铁路建议领导小组在北京召开第一次会议，确定了"会战京九，三年铺通，一年配套"的奋斗目标。除孙口黄河特大桥于 1991 年 9 月开工外，衡商段于 1992 年下半年也破土动工，其他地段也于国务院领导小组会议后相继动工。经过十万参建队伍的奋战，并在地方政府及沿线群众支持下，京九铁路 1995 年 11 月全线铺通。

全线虽然铺通，但仍有非常繁重的站前工程收尾及站后工程配套任务，尤其是站后配套工作更加艰巨。京九铁路是当时全路第一位的重点工程，所以我把京九铁路建设作为我分管铁路建设后的第一项重要任务。2月初，我就带领建设司、计划司、鉴定中心和京九办的同志沿着京九线从北到南走了一遍。

我们从北京坐火车和轨道车先后在衡水、商丘、阜阳、向塘等大站做考察，了解剩余工程情况，尤其是对编组站的站场设备安装做了调查，听了临管单位的意见和要求。因为南段开工相对晚一点，并且工程也较北段复杂，所以在向塘换乘汽车沿线路对重点工程配套，尤其是站后工程做了考察，最后到引入深圳的平湖编组站，那里正在组织大规模的土方施工。因我多年不管工程建设，先走京九线，一是想熟悉情况，二是检查上年九月韩部长现场办公确定的 1996 年 9 月 1 日全线配套建成交付使用目标的落实情况。我要做个实地调研，了解情况，检查进度；再是春节来临，也同时慰问生产一线的同志。

我这么走了一趟，听了建设、施工单位的汇报，检查了重点项目的配套工程进展。京九南段（向塘以南）还在紧张地站前工程收尾及站后工程施工中；向塘以北虽然已分段开通，但大站设备安装滞后，尤其是通信信号设备订货严重滞后。据京九办和外资办同志介绍，阜阳北、向塘西两个编组站的信号设备要到 6 月底才能到货，那么 9 月 1 日全线配套建成交付使用，时间非常紧迫。在考察中，我给各建设单位讲，要采取倒计时办法，按天、按小时计算和掌握工期，制定有效措施，发挥有利条件，克服不利因素，精心组织，周密安排，强化管理，严格要求，狠抓落实，要在此关键时候冲得上、过得硬、打得响、拿得下，全力打好最后这场歼灭战。京九铁路工程的进展总体虽然不错，但是全线利用亚行贷款招标采购的通信信号设备，由于种种原因，大部分设备基本是在 1995 年 11 月下旬和 12 月份才签订合同的，无线列调设备当时还在协议的商谈中（1996 年 2 月中旬才草签协议）。这些设备的供应商都是国外厂家，一般合同签订后交货需半年时间。按外资办排出的时间表，最后一批通信设备到工地要到 1996 年 5 月份、信号设备要到 9 月份了，安装调试还需要 3～4 个月，这还不包括途中运输和报关可能影响的时间。所以我非常着急，到 9 月 1 日全线配套建成还有 7 个来月的时间，在检查途中和回到部里后，我连续与外资办、京九办、建设司和鉴定中心的同志开会商讨研究，要求已签合同的设备，立即与厂家协商压缩制造周期，并且全部改为航空运输，必须在六七月到货，个别站场联锁设备尽管不影响全线开通，也要争取提前到货。请各施工单位随时做好安装配合工作，缩短安装调试时间。总的原则要求，9 月 1 日前硬件全部安装完成，实现基本功能，保证全线开通。为此，我还专门向韩杼滨部长写了报告，讲了有关情况和协调处理的意见。韩部长作了重要批示，要求各部门急事急办。征得韩部长同意，我到海关总署拜访了时任总署领导钱冠麟同志，说明情况，恳求支持。钱署长直接找来北京海关的领导，向他们做了安排，明确凡是京九铁路进口设备先取货，再办具体手续。京九线全线按时开通，海关给了有力支持和帮助。

到 5 月中旬，距 9 月 1 日开通运营只剩 100 多天时间，而此时房建工程还剩 40% 左右，有些变配电所还没有达到设备安装条件，通信信号设备刚刚开始安装。面对这一情况，铁道部及时召开部京九铁路建设工作会议，发出了"大干一百天，打好歼灭战，质量创国优，9 月 1 日保开通"的号召，在全线开展了"百日冲刺夺杯"劳动竞赛活动。6月中旬，我又率有关部门的同志再到沿线现场办公，检查会议精神落实和大干 100 天的情况。之后铁道部又先后两次召开全线电话会议推动百日会战活动的开展。在各方的共同努力下，圆满完成了百日会战目标。8月下旬，工程初验时，全线行车速度达到 60 千米/小时。

9月1日，京九铁路如期开通。但是全线收尾任务还相当繁重，经过清理，全线还有 120 多项收尾工程，站后工程就有 95 项，如设备功能调试、京九线引入天津枢纽的配套工程，特别是向塘西编组站下行系统及机务折返段工程，阜阳北编组站的综合自动化工程、平湖南编组站的工程等。沿线的生产、生活房屋也还没完工。这些剩余工程直接影响着京九铁路的完善配套，影响着运输组织和运输能力的发挥。部里提出 1997 年 4 月 1 日实行新运行图，京九全线客运行车速度将达到 120 千米/小时。因此，在 10 月 17 日召开的京九工作会议上，我对全线的剩余工程等工作做了安排，希望各参建单位和运营部门的广大干部职工，在京九铁路进入夺取最后胜利的收尾阶段，继续发扬京九精神，一如既往，善始善终，全力以赴完成各项配套任务。10 月 26 日，我又再度到京九铁路开工最晚的平湖编组站考察。平湖编组站是位于广深铁路平湖与布吉站之间的二级四场编组站，长近 15 千米，仅土石方量就达 1000 多万立方米，最深填方近 30 米。平湖编组站是 1996 年 1 月才开工的，这次看到 20 多个山头已被削平，变为平坦的路基，我非常高兴地对他们说："你们进度快，施工组织得力。"我要求他们再接再厉："投资要严控，工期要提前，质量创国优，为京九铁路建设画一个圆满的句号。"

经过各方的共同努力，京九铁路保证了 1997 年 4 月 1 日新图的实施。按照新运行图，京九线除沿线各铁路局开通管内客车外，铁道部安排了 17 对客车，沿线各站也陆续办理了货运业务。1997 年 10 月，国家计委组织了京九铁路国家验收。京九铁路的全线开通运营，在国民经济发展中发挥着重要作用。

京九铁路的北京至向塘、至粤北的龙川段是一次建成的双线铁路。随着广梅汕铁路龙川至汕头和梅坎铁路的建成，尤其是随着经济发展需要，京九线南段的龙川至常平段的复线工程建设也全面展开。2003 年 1 月，京九铁路复线全线开通，我主持了复线开通仪式。我说："京九铁路在全线开通六年后，南段复线也建成开通，这既是我国国民经济发展的需要，又是跨世纪铁路建设五年会战的辉煌战果，更是我国国民经济持续、快速、健康发展的重要标志。"傅志寰部长、广东省省长卢瑞华、副省长游宁丰，我们一起检查了车站设施，并为复线贯通首趟列车的开行剪了彩。

参加京九复线贯通首趟列车开行剪彩仪式（图片来源于《人民铁道》）

　　我任副部长后考察的第二项工程就是南昆铁路。1996 年 3 月初，过了春节，我与建设司、计划司、鉴定中心的同志到当时全路第二大工程——南昆铁路施工现场调研考察。在部南昆指挥部、设计单位铁道部第二勘察设计院同志的陪同下，坐汽车从昆明出发，对沿线重点工点进行检查。虽然广西境内南宁至那厘段（平果铝厂）已开通，但全线还在施工。贵州境内尤其是与广西交界处，施工还未全面展开，有的施工便道还未修通，那里还是无路、无水、无电的"三无"地段。在中铁五局施工的营盘山隧道，我们早上出发看完隧道进口，到了太阳落山才赶到隧道出口。坐在越野车上，上下颠簸，因汽车的震动，说着话都得先停下来，待路好一些再继续说。南昆铁路虽然在 1990 年就已经开工，桂、滇、黔三省三头并进，但因建设资金不足，施工进展不快。建设领导小组安排在 1997 年 3 月全线铺通，时间非常紧张。剩余工程主要集中在贵州境内和黔桂交界处，这里山高人稀，地质情况也非常复杂。我们曾中途住过黔西南布依族苗族自治州册亨县的巧马镇，设计中这里要建一个中间站（巧马车站后改为册亨站），这里住户人口都不如北方一个小村庄多。晚上我们住的是工程队租用的据说是 1958 年修建的一个砖木结构的礼堂，里面只有一个房间，可能是当初做舞台后台化妆用的，给我住，电灯还是拉线开关，设在进门处，上厕所要到礼堂外。早上我起床到外边一看，只有一条乡村小土路，算是镇上的街道，有几个卖菜的，只有一个猪肉摊。一打听，这就是巧马乡的乡政府所在地。守猪肉摊的夫妇还是从 60 千米外的册亨县城赶来的，他们每天杀一头猪送过来，基本上都卖给铁路施工队。

　　从这里再往前就是黔桂交界处的南盘江，南盘江南岸就是广西壮族自治区。铁路在北岸贵州省境内建八渡车站，这里属于断裂带的古滑坡体，正在施工，打抗滑桩。南盘江大桥由中铁十八局修建，正在施工中。进入广西境内重点工程就是由中铁隧道局和中铁二局各打一头的米花岭隧道。因工程重要，隧道9千米多开工比较早，这时导坑已经贯通了。虽然那厘到百色已开始铺轨，但这段路基属膨胀土地带，雨季过后，出现了变形，施工队伍正在整治。沿线走走停停，我们对每个重点工程都做了实地考察，听取了设计、施工单位的意见，分析了存在的问题，全线确定了7站、7桥、6隧、3段路基、2个枢纽为重点工程，明确了完成日期，修改完善了施工组织。就这样，用了近2个星期的时间才赶到南宁。以后我又多次去了南昆铁路，有时从昆明乘汽车到南宁，有时是从南宁乘汽车到昆明。

1996年11月江泽民同志在广西壮族自治区视察南昆铁路时就指出："南昆铁路这一艰巨的工程确实是世上少有的，铁路建设者经过长时间的艰苦奋斗，克服了许多难以想象的艰难困苦，取得了令人瞩目的辉煌成就，真是不容易啊。"南昆线连接广西、贵州、云南三省区，是西南地区通往华南出海口的重要通道，对开发滇、黔、桂地区资源，改善经济布局意义重大。南昆铁路沿线大部分是贫困地区和少数民族地区，沿线约有1500万人尚未脱贫，因此南昆铁路实际也是一条扶贫路、振兴路、希望路，是中央最大的扶贫项目。南昆铁路建成通车对于促进云南、贵州、广西的经济发展，造福西南各族人民有着重要意义。11月23日至27日，我再到南昆线现场检查工程进展和施工组织安排落实情况。这次现场检查，共深入了24个工点，召开了10余次座谈会。对于12项重点难点工程，与铁道部南昆指挥部及各参战单位的领导，共同研究，制定切实可靠的施工方案。根据韩杼滨部长 9 月现场办公提出的"分段交验，分段运营"的要求，进一步明确了工期目标。[①]

在南昆线施工现场（图片来源于《人民铁道》）

在南昆线云南段现场检查（前排右二为蔡庆华，图片由本人提供）

为了保证 1997 年 3 月中旬全线铺通，在这年的 3 月初，我又先期到沿线检查，察看了施工现场，听取了各方汇报，先后召开了 8 次确保全线铺轨顺利贯通的专业会议。中铁建筑总

①《打好攻坚战 夺取南昆决战全胜》，《人民铁道》1996 年 12 月 11 日第 1 版。

公司管段内站前工程基本完工，中铁工程总公司管内，用其总经理秦家铭的话说，连滚带爬总算可以铺轨了。在大家的共同努力下，1997 年 3 月 18 日全线铺轨在八渡车站接通。李鹏同志、邹家华同志、铁道部及桂、滇、黔三省领导在百色出席了全线铺通仪式。

为了确保南昆铁路按期开通，1997 年 6 月 11 日到 6 月 15 日，我再到南昆铁路现场办公。在全线铺通后，工程尾工、通信信号和电气化工程还很繁重。为保证全线年底开通，我听取了铁道部南昆指挥部关于南宁枢纽、昆明枢纽和区间分段开通安排的汇报，实地逐段检查了工程进度，研究了存在的问题的解决方案，表扬了干得好的施工单位，批评了个别进度慢的施工单位，还和云南省、市、区领导一起现场拍板解决了昆明枢纽征地拆迁中未解决的问题。为了促进工程按期推进，我还组织各施工单位的领导相互观摩学习，对于进度慢的单位有很大促动，他们都表示，一定要确保南（宁）百（色）段 8 月 30 日开通，全线 11 月 30 日开通。①

9 月 1 日，南昆线南宁至百色段 240 千米电气化铁路正式开通运营。我到南宁站参加了首趟旅客列车开行仪式。我说："南昆铁路，经过铁路建设者连续 6 年多的日夜奋战，艰苦拼搏，继 3 月 18 日全线顺利铺通后，仅用 4 个多月时间率先建成南宁至百色段电气化铁路，并已通过铁道部验收，正式开通运营。这是广大铁路建设者献给即将召开的党的十五大的一份厚礼！"我还指出，"南百段电气化工程的开通，只

---

① 《南昆铁路建设再掀高潮》，《人民铁道》1997 年 6 月 18 日第 1 版。

是南昆铁路建设的一个阶段性目标，下一步工程任务更艰巨、更紧张"①，要求南昆铁路建设指挥部要切实负起责任，继续抓好各项任务的落实。

1997 年 11 月下旬，我作为主任委员会同广西、云南和贵州三省（区）领导及部有关部门组成初验委员会，对全线的工程进行了初步验收工作。听取了建设、设计、施工单位的汇报和接管运营单位的意见，检查了沿线 31 个重点项目，研究讨论了初验中的有关问题，审查了初验报告，对整个工程进行了评价：南昆铁路百（色）威（舍）、威（舍）昆（明）、威（舍）红（果）段工程已按设计规模和标准建成，土建工程和电气化工程总体质量优良，各项设施运转正常，符合铁路验收标准要求，具备运营临管条件。②

12 月 2 日，全线开通临管运营，邹家华同志在贵州兴义出席了开通仪式，称南昆铁路的开通，"是我国社会主义现代化建设事业取得的又一辉煌成就，是一件振奋人心的大喜事"③。

下基层、到现场了解情况是我始终坚持的工作方法。因为我是管工程的，不去现场，不了解工程情况，我怎么管呢？人家提出来的问题我怎么给人家解决？要调整概算，为什么和怎么调？要变更设计，为什么变和怎么变更？虽然有建设司和鉴定中心的同志，但作为主管领导必须心中有数。

从段长到处长到局长，再到部里分管基建工作，对拟开工

---

① 《南宁至百色电气化铁路开通运营》，《人民铁道》1997 年 9 月 2 日第 1 版。
② 《南昆铁路初验总评优良交付临管运营》，《人民铁道》1997 年 12 月 2 日第 1 版。
③ 《邹家华同志在南昆铁路开通运营庆典上的讲话》，《人民铁道》1997 年 12 月 30 日第 1 版。

的项目，我必须先走一遍，工程开工前要亲自把重点工点看一遍，做到心里有数。1996年及以后，相继开工建设的西安安康线、南疆线（库尔勒—喀什）、内昆线（宜宾—六盘水段）、神延线（神木北—延安北）、梅坎线（梅州—坎市）、秦沈客运专线（秦皇岛—沈阳）、渝怀线（重庆—怀化）、粤海铁路通道（包括湛江至海安线、琼州海峡铁路轮渡及岛上西环线海口至叉河段）、西安至合肥铁路等，所有新开工项目在开工前，我都会与设计院、部里有关部门同志全部走上一遍。然后和设计院交换意见，讨论重点工程和线位站位能否优化，标段怎么划分，施工力量怎么布局。我不去现场怎么知道工程的难易？只有亲自考察了才能全面听取各方面的意见，也才能提出大家不会否定的意见。项目开工后的在建项目，包括复线和枢纽工程，我每年至少也要到现场检查1~2次。坐在屋里谈，是解决不了问题的，也是做不好工作的。据秘书统计，1998年一年我出差在外有200多天。为了审定内昆线的设计方案和做好开工准备，我在1998年一年内去过3次现场。

渝怀线也是西南通道建设的重点建设项目之一，同时也是国家西部大开发的10大重点项目之一。该线经重庆、贵州、湖南3省市，是一条西部与中、东部联系的便捷通道，总投资198亿元，2000年12月中旬开工。渝怀铁路有"三最"，即"新技术最多、技术难题最多、地质条件最复杂"，全线集中了瓦斯、滑坡、煤层、天然气、断层、岩溶等地质现象，堪称世界地质博物馆。渝怀铁路共跨越长江、乌江等7条大的江河，沿线隧道和桥梁工程异常艰巨，尤其像长达近12千米的圆梁山隧道，地质复杂、岩溶发育、涌水、涌泥，是世界性难题。不但在开工前，我带领有关部门走了全线，与地方政府对接，落实征地拆迁工作，为工程的顺利进行做准备，而且在全线开工后又多次到渝怀线施工现场察看施工情况。

分管全路建设工作，我认为这是代表国家和政府，不但要管安全、质量和工程进度，更要认真贯彻国家的有关法律、法规和制度，管好铁路建设工程标准、投资控制等。我接管建设管理工作后，首先是深入重点工程建设现场了解情况，促进工程顺利进展，保证工程的安全、质量；再是组织建设司和设计院健全管理办法、完善建设标准，在调研基础上，及时修改有关制度、规定；并根据《中华人民共和国合同法》和全国人大常委会批准的《招标投标法》，借鉴国内外建设管理经验，组建了部管事业单位——工程管理中心，成立了部工程交易中心。

组建部工程管理中心，由其负责铁道部出资建设的大中型项目的建设管理工作，对工程的质量、安全、投资负总责。部建设管理司作为政府部门集中精力抓好规章制度的立改废工作，抓好大中型项目的检查监督工作。各铁路局对其管内的小型和更改项目也比照部里的做法相继组建了工程项目管理机构。

成立部工程交易中心，依法公开组织工程施工招标。我们是当时由项目管理的部委组建的第一家招投标交易机构，国家计委的同志到场为中心揭了牌。在交易中心成立时，我要求他们认真贯彻《招标投标法》，坚持公开、公平、公正的原则做好铁路建设项目的招投标工作，任何人不得干预工程招投标工作。我曾向建设司、工管中心、交易中心的同志明确表态，从我做起，不打招呼，不干预招标，并希望大家监督。同时要求大家，不得违背招投标原则、干预招投标工作。如有不良反映，部纪委一定调查处理。在那一段时间里，基本没听到和收到关于铁路招投标的不良反映意见和信件。

我在工程局工作过，也在铁路局工作过，我知道，修铁路、搞施工，与搞运输工作不同。搞运输是地方有求管铁路的，请求多给空车、多运输地方物资。而管工程、搞施工，要征地拆迁，是我们请求地方给予支持。修铁路必须依靠地方政府，落实好有关政策。所以，我在分管铁路建设期间，主动协调与地方的关系，调动地方参与铁路建设的积极性，为铁路建设创造一个良好的环境和条件。在这里不能不说南疆铁路（新疆库尔勒至喀什段）的前期工作。在 1996 年年初，中央曾下发过一个关于新疆工作的文件，其中提到要加快南疆铁路建设，并提到自治区党委对建设南疆铁路拟定了八项优惠政策。实际上，南疆铁路地形并不复杂，沿线人口不多。铁路第一设计院也已经做了大量的前期工作，但沿线的征地拆迁工作是不可避免的。虽然自治区做了承诺，但具体工作要有部门去落实。我和韩杼滨部长讲，中央文件只发到省、自治区和部委，基层不可能见到。比如自治区承诺征地不要钱、拆迁不要钱、迁改道路不要钱，可对于老百姓和基层地方村镇来说，建设和施工单位拆迁占地不给钱是办不成的！总得有人给补偿吧！不然人家是不会让你占地、不会让你拆迁的！这必须要让自治区下发一个执行办法，保证工程队伍到场后能够顺利展开施工。经韩杼滨部长同意，5 月份我就带领部里有关同志到了新疆维吾尔自治区。时任自治区党委书记王乐泉同志很爽朗，接见我时就说："老蔡，你还来干什么？文件上不是已经定了吗？"我说："王书记，文件上定了，但我们不给钱征用老百姓的地、拆迁老百姓的房行吗？虽然不多，总得有给钱的呀！"王书记笑了。最后指定自治区一位副书记、一位政府副主席和一位政协副主席和我们商谈。经过几天的细化，落实了各自的分工，明确了各自的责任。为了进一步了解南疆铁路勘察设计进展和沿线情况，在自治区一位副主席和一位政协副主席的陪同下，我们从库尔勒用 3 天时间乘汽车走到喀什，不但了解了沿线迁改情况，并且进一步核定了线位、站位。这里的人民非常热情，有关地州的同志都表了态，无论在库车、阿克苏还是喀什，住下后都邀请我们观看当地民族歌舞表演。

与新疆维吾尔自治区领导及工一师建设者合影
（右六为蔡庆华，图片由本人提供）

自治区的有关优惠政策落实了，第一设计院施工图纸也很快交出来了。由铁道部建设司和乌鲁木齐铁路局商量选定中铁工程、中铁建筑两大总公司部分工程局和乌鲁木齐局工程处施工。按照自治区的承诺，沿线土石方大部分交给新疆建设兵团工程一师施工。9 月份举行了开工典礼，工程进展总体顺利。后来韩杼滨部长到新疆检查工作，工程一师反映土方单价太低，经商量，同意增加了土方的单价，并把部分区段的涵洞工程按概算价给了工程一师。后来地方又反映拆迁补偿费太低，在工程基本完工时，经部研究同意，我们又拿出了几千万给地方作为征拆的补偿。我认为只要明确责任，有人负责，有了落实方案，有人实施，在执行过程中的问题大家可以商量解决。这一切都是为了工作的落实。

1996 年安康线现场检查
（中立说话者为蔡庆华，图片由本人提供）

管工程还必须善于与地方政府领导沟通，做好宣传工作。1996 年陕西境内的西安安康铁路开工建设，1998 年陕西境内的神木北到延安北铁路开工建设，2000 年西安至合肥铁路也相继开工建设，陕西省的领导对铁路建设非常支持。但是也有个别同志认为征地拆迁费用低了，牺牲了地方利益。尤其是神木北至延安北的神延线，既是西安至延安铁路西延线的延长，又与包神铁路贯通，从西安直通包头。这条线原来是省上控股出大头，铁路出部分资金支持，属地方铁路。但因资金问题开工不久就停工了，后来应地方要求改为铁路控股，地方以征地拆迁费用入股。1998 年纳入国家批准开工的工程。怎么看待股权的变化？怎么看待这几条铁路的建设？我在这几条铁路沿线都走了，都做了考察。我和省领导讲，陕西省是南北长的巨人，陇海线就是像你们的金腰带，但你没有脊梁，你挺不起胸来。现在修西安安康线，神木延安线，北通包头，南下江汉，你就有了一个铁脊梁，金腰带加铁脊梁，你就挺起了胸，昂起了头。然后西安合肥线一修，下一步延长到南京，你后边是宝成线，前边是宁西线，迈开大步向沿海，陕西的大发展有希望了！听了我的话，他们都乐了。陕西省那几年的路地关系是非常好的。

1996 年在安康线隧道检查工作
（中说话者为蔡庆华，图片由本人提供）

　　还有一条管基建，首先要抓好勘测设计工作。基建工作的前提是勘测设计，这是基础。我曾经说过，勘察设计是基建工程的灵魂。所以 1996 年，我主管基建后召开的第一次全系统会议就是铁路设计工作会议。新开工项目首先抓的就是勘测设计和施工图纸的供应。工程开工前我到现场调研考察，要求设计单位必须去领导、去项目设计总体，重点听取设计工作汇报，就是要求他们保证开工后的施工图供给。

安康线贯通接受采访（图片由本人提供）

　　我曾在全路基建工作会议上特别表扬了铁道部第一勘察设计院设计的西安安康线的秦岭隧道，18 千米多，前期工作充分，尽管山高路难行，但第一设计院在项目立项前的勘探工作中做得很细，隧道贯通后，地质情况与设计院的设计完全吻合。我也批评过有的设计院在勘测设计中的被动情况，1998 年年初上级批准建设内昆线，这是四川内江至云南昆明的铁路。这条线贯通川、黔、滇三省，具有重要意义。1998 年 3 月"两会"还未结束，时任政协常委、国家开发银行党组书记、副行长、铁道部原副部长屠由瑞就找到我，邀我一起到内昆线走一趟。我们在政协会议结束的前一天就到了宜宾。用 3 天时间走了全线，察看了沿线重点工程，听取了沿线地市县领导的意见，真切地感受到当地人民群众对尽快修建内昆线的热切期盼。这条线曾在 1958 年上马，1961 年因国民经济调整，而停建了。北段从内江修到宜宾；南段从昆明修到六盘水，纳入 1968 年开通的贵昆铁路。只剩下四川宜宾至贵州六盘水段。这次应该说是"复工"。我们乘汽车走的还是当年修的施工便道，虽然标准低、中间还有几处因雨水冲毁的情况，但这是四川中部联结贵州西部和云南东北部的一条重要通道。当时铁道部第二勘察设计院的领导和专业技术人员陪同我们考察，我问设计院同志设计进展情况，什么时候可以交设计图纸？他们很为难，说有些地段勘测队伍还没上来，有些重点桥隧也只能先交草图，全线的施工图要等到下半年。我一听心中就来了火，因为我管基建 2 年多来投资少，规模小，设计和工程系统一直喊吃不饱。就问他们："你们不是说任务不饱满吗？内昆线 40 年前就开工了，停了 37 年，你们怎么不把设计工作做好？这不是工作吗？"我也知道设计院的特点，他们是有投资有计划安排就连轴转，没投资没计划，勘测设计工作也就停止了。所以，突然复工，投资安排上来了，他们没有准备，这也是可以理解的。

组织 5 年会战

1997 年下半年东南亚金融风暴引发的亚洲金融危机迅速蔓延开来。为了应对这场危机，保持国民经济持续快速发展，国家提出必须加快经济体制和经济增长方式的转变，立足扩大国内需求，发挥国内市场的巨大潜力。决定保持必要的投资规模，调整投资结构。铁路是我国交通运输体系的骨干，是加快社会主义市场经济建设的重要基础设施。国家加大对基础设施的投资，铁路建设自然也获得了快速发展的机会。而且加快铁路建设，可以带动钢铁、建材、机械等一批相关产业的发展，拉动国民经济的增长。

"八五"以来，我国铁路建设虽然取得了举世瞩目的成就，但是铁路路网规模、路网结构和技术水平以及运输质量还远远不能适应国民经济和社会发展的需要。这次国家确定了加快铁路建设的政策，增加国债投资，这是解决铁路供需矛盾的大好时机，必须紧紧抓住。部党组根据中央精神，对"九五"铁路建设规划做了重新调整，确定了今后五年加快铁路建设总的指导思想，提出了"决战西南，强攻煤运，建设高速，扩展路网，突破七万"的奋斗目标。部党组为了顺利完成铁路建设任务，1998 年 2 月 27 日成立了铁路建设领导小组，由时任铁道部党组书记傅志寰亲自挂帅任组长，永福副部长和我任副组长，并建立了铁路建设例会制度，定期研究协调解决铁路建设中的重大问题。

在珠六复线施工现场检查工作（左二为蔡庆华，图片由本人提供）

1998 年在湘黔线朝阳坝隧道液化气站爆炸抢险现场
（右二为蔡庆华，图片由本人提供）

　　加快铁路建设，完成这一项光荣而艰巨的任务是对基建系统广大干部职工的考验，也是一次严峻挑战。广大干部职工积极响应中央号召，按照部党组的部署迎难而上，迅速掀起会战热潮。1998年铁路投资规模由原计划的380亿元增加到450亿元，到年底由于国债资金的投入，铁路投资实际完成570亿左右，比1997年多完成130亿元。当年国务院先后批复包括内（江）昆（明）铁路、神（木北）延（安北）铁路、梅（州）坎（市）铁路、珠（州）六（盘水）复线、阳（泉）涉（县）线等16个项目开工，也是当时历史上批准开工最多的一年。我们把加快西南铁路建设和进出川工程作为会战的重要战场；把加强西煤东运作为重点。以后又相继开工建设了水柏线、渝怀线、西安至合肥铁路和宝兰复线、荷兖石复线等工程。5年间，无论是在部里召开的铁路建设工作会议上，还是在施工现场，我都抓住机会进行动员，要求大家振奋精神，迅速行动起来，坚定信心，再接再厉，鼓足干劲，增强紧迫感、使命感，再打一场漂亮的铁路建设大会战，保证完成铁路建设任务。

在广梅汕铁路现场（前排左二为蔡庆华，图片由本人提供）

　　从 1998 年到 2002 年的 5 年，是中国铁路建设大发展的 5 年。5 年间，铁道部按"快速、有序、优质、高效"的建设方针，集中铁路人力、物力、财力，组织跨世纪铁路建设大会战，取得了丰硕的成果。5 年间，新开工铁路大中型建设项目 49 个，建成投产 53 个，包括武广、哈大电气化铁路、京九南段、蓝烟、新荷兖日、株六、黎南复线铁路，梅坎、神延、内昆以及秦沈客运专线，粤海铁路通道跨海轮渡工程等一大批有重大影响的新建铁路。5 年间，包括地方投资在内，铁路基建完成投资 2877 多亿元，年均 550 多亿元，创了历史新高。5 年间，完成新线铺轨 7025 千米，新线投产 5963 千米，复线铺轨 5008 千米，复线投产 4603 千米，铁路电气化投产 5703 千米，五年间完成的实物工作量也创了历史新高。全国铁路营业里程提前一年实现了"突破七万"的奋斗目标，到 2002 年年底全国铁路营业里程已达到 71 898 千米，居世界第三、亚洲第一。在铁路建设大发展的同时，我们积极推进铁路建设管理体制改革，不但首先建立了铁路系统工程招投标交易中心，而且全面推行合同制管理，突出制度和管理创新；组织建设了第一条客运专线，为高速铁路建设做了技术、人才和设备等方面的准备；积极推广应用新技术、新工法，加快科技进步，努力提高铁路建设水平。

　　作为分管铁路基建的副部长，在中国铁路建设大发展的 5 年中，我也深切体会到了，为中国铁路建设努力工作所带来的快乐和幸福！

试验秦沈客运专线

　　说起 1998 年至 2002 年的 5 年会战，必须强调秦沈客运专线的修建。它不但是 5 年会战的重点工程，也是技术含量最高的工程，更是中国高速铁路的试验工程。

　　日本 1964 年就开通了新干线，法国和德国在 20 世纪 70 年代和 80 年代也相继建设了高速铁路。铁道部的历届领导和科技人员一直在研究国外高速铁路情况，争取在中国尽早修建高速铁路。中国的高速铁路在哪修？怎么修？铁道部组织过多次论证。在 20 世纪 80 年代，京沪铁路、进出关铁路就已经出现一票难求、一车难求的情况。当然，高速铁路首先要选在运输能力紧张、需求最强的地方。

　　尤其是京沪线运输能力紧张，从 20 世纪 80 年代开始到 20 世纪 90 年代，京沪线的运输密度为全国铁路平均密度的 4 倍，沪宁段则高达 6 倍多，为全国之冠。而中国的铁路运输密度又是全世界最高的。京沪线有的区段每天开行的客货车已达到 240 列。但是如此高的运输密度，依然无法解决京沪线的客货运输需求。进出关铁路也是如此。当时沟通关内外最重要的通道是山海关—沈阳段。但该线年输送能力 6000 万吨，客车 41 对，一直处于超负荷运转状态，限制了进出关客货运量的增长，更不适应东北地区经济发展和全国其他地区与东北地区交流的需要。据预测，即使沈山线完成电气化改造，2000 年运输能力缺口仍达 23 对列车；2005 年货运缺口 1140 万吨，客车 19 对；2010 年货运缺口 1890 万吨，客车 30 对。[①]很显然，仅靠技术改造，难以满足沿线的运输需

---

　　① 《我国首条快速客运专线——秦沈专线开工》，《人民铁道》1999 年 8 月 18 日第 1 版。

求。所以 1990 年 8 月，铁道部组织有关专家研究中国的高速铁路建设时，首选的是在京沪通道，第二位是在秦沈通道修建客运专线。铁道部曾派出多个组团出国学习考察和技术培训（我曾带队去过日本和韩国，考察他们的高铁技术），组织科研攻关，并建设了广深准高速，组织了干线铁路的提速试验。铁道部在 1993 年 12 月就上报了《京沪高速铁路项目建议书》，1995 年 6 月铁道部也报送了《新建京沈铁路客运专线》的项目建议书，研究了在京沈间新建货运专线、客货混跑和客运专线 3 个方案。最终选出新建客运专线方案，并建议近期按 160 千米/小时双线电气化铁路设计。为此，铁道部在充分吸取国外先进经验基础上，认真总结科研成果和提速试验，1998 年制定了《时速 200 公里新建铁路线桥隧站设计暂行规定》。而这时京沪高速铁路在解决了建与不建的争论后又陷入技术制式的论证。所以，1998 年 10 月铁道部上报了秦沈客运专线的可行性研究报告，在进出关最紧张区段——秦皇岛至沈阳间修建客运专线，实现客货分线。1999 年 2 月秦沈客运专线经国务院批准立项，国家计委同意铁路部门以客运专线为主开展研究、比选工作。4 月可研报告经国务院批准，主要技术标准为双线客运专线，近期行车速度 160 千米/小时以上（基础部分预留高速铁路的条件），电力牵引。

我们有科研试验和提速的经验，还有广深线改造速度已达 160 千米/小时的成果，为什么秦沈客运专线时速不能再适当提高一些呢！经部长办公会研究，明确全线基础设施按 200 千米/小时设计，线间距 4.6 米，预留提速 250 千米/小时条件；开通后采用 200 千米/小时及以上动车组。同时，为给我国高速铁路的设计、施工和装备提供技术准备，根据现场条件决

定在山海关至绥中北 66.8 千米区段按每小时 300 千米设计、
施工，进行综合实验。

秦沈客运专线，西起秦皇岛市，沿线经山海关、绥中、葫
芦岛、锦州、台安和辽中，终到沈阳市，全长 404 千米多一点。
全线东段有大量的软土、松软土地层，大部分地段处于Ⅵ度地
震烈度区。全线大中桥 198 座，近 60 千米。

秦沈客运专线 1999 年 8 月 16 日开工建设，2000 年纳入
国家重点建设项目名单。为保证一次建成开通速度达到 200
千米/小时，并保证列车的平稳、旅客的舒适，我们按照《时
速 200 公里新建铁路线桥隧站设计暂行规定》设计，在建设
中还应用了一批新技术、新结构、新材料、新工艺、新装备。
比如在路基的填筑上，对基底处理、路基本体填筑材料的选择
和压实、基床表面和路桥过渡段的处理，采用了新的材料和工
艺、制定了新的标准和要求，大大提高了路基的承载力，控制
了路基的工后沉降。在桥梁上，第一次在全线采用结构受力性
能好、整体性强的预应力钢筋混凝土简支箱梁，并为此购买和
研制了大型运梁和架梁设备。在轨道铺设上，第一次采用一次
性铺设跨区间无缝线路技术,试验了不同类型的无砟轨道铺设
方法，采用了 38 号大号码道岔。普通铁路采用的道岔一般为
12 号道岔，最大 18 号道岔，而且多是有逢道岔，列车通过时
震动较大。秦沈客运专线的道岔设计以旅客舒适度为主要控制
指标，采用 38 号道岔，这是我国自主设计、制造的，达到了
国际先进水平。全线均为无缝道岔，保证列车能以较高速度通
过。在供电方式上，采用了 200 千米/小时（试验段为 300 千
米/小时）速度级的简单链形悬挂接触网，安装了牵引变电所
远程安全监控装置及综合自动化设备等。就其工程本身，秦沈

客运专线是一次开通每小时200千米至300千米的双线客运专线，在中国铁路建设史上绝无仅有。而采用的跨区间无缝线路铺设及路基工后沉降控制等众多高新技术，则填补了我国铁路施工领域一连串的空白。

为加强第一条客运专线的建设组织领导，铁道部特意抽调二名工程局局长担任秦沈客运专线指挥部负责人在一线组织建设。从现场调查、地方关系协调、施工检查、设计变更审查，到分段和全线拉通试验，我与建设司、工程管理中心、鉴定中心的同志先后去现场不下20次，并分别召开质量、安全和管理现场会，督促检查工作，观摩交流经验。我要求大家，质量一刻也不能放松，标准一点也不能降低。这条线速度定在160千米/小时以上，上不封顶，关键看我们的质量，能达到一个什么标准。无论是建设方还是设计方、监理方、施工方，都要紧密配合，共同努力，就像我们生产的箱梁一样，从材料选购到钢筋绑扎、立模，混凝土的拌合、灌注、捣固、养生，一整套工序，每道都要严格把关，严格管理，确保工程的质量、进度都在有序可控之中。

在秦沈客运专线工地（右四为蔡庆华，图片由本人提供）

　　为确保工程质量，秦沈客运专线建设指挥部又制定出一系列相应的制度、规定和办法。一个质量始终处在程序化、标准化、规范化、系统化体系严密控制之下的全新管理模式和施工方法，最终在秦沈客运专线形成。这些工作既促进了项目进展，也加深了我们对建设客运专线建设的认识，积累了建设高速铁路的经验。

　　为配合秦沈客运专线的建设，国家计委将 270 千米/小时高速列车产业化项目，列入 2000 年国家高新技术产业化发展计划。该项目总投资 1.3 亿元，由中央财政预算、铁道部配套和项目承担单位共同负担。2001 年 9 月，样车在铁科院环形线进行试验调试，2002 年命名"中华之星"，并在秦沈客运专线组织试验。

在秦沈客运专线检查铺轨工作（右二为蔡庆华，图片由本人提供）

　　2001 年 12 月和 2002 年 9 月、11 月，在秦沈客运专线山海关至绥中北综合试验段进行了 3 次线、桥、接触网和动车组的综合试验。我们先后用铺镇厂生产的动力分散型"先锋号"动车组和国家计委立项的动力集中型"中华之星"动车组在山绥试验段做运行试验,"先锋号"动车组最高速度跑到了 292 千米/小时;"中华之星"动车组最高速度跑到了 305.9 千米/小时,由"中华之星"缩编的 2M+3T 试验车,最高速度达到了 321.5 千米/小时。2002 年 12 月,在山海关至沈阳间我们又进行了速度 250 千米/小时全线贯通试验,运行时间为 1 小时 46 分钟,比普通旅客列车运行时间缩短了 2 小时 39 分钟。

中华之星行驶在秦沈客运专线上（图片来自网络）

要知道,秦沈客运专线 404 千米只花了 160 多亿元,用了不到 4 年就建成试运营了。秦沈客运专线工程建设和试验结果,标志着我国铁路建设水平有了新的发展和提高,我们已经掌握了速度 200 千米/小时的线桥工程建设技术和动车组制造技术。2002 年 12 月 19 日,时任中央政治局委员、国家计委主任曾培炎同志在傅志寰部长和我的陪同下,检查了秦沈客运专线,听取了建设和试验情况汇报和"中华之星"高速列车情况的介绍。曾主任对工程建设和动车制造给予了肯定。

在秦沈客运专线试验列车上（图片由本人提供）

2003 年年初，秦沈客运专线就要开通试运行，准备开行从北京发车经京秦线（2002 年进行了线路加固和大号码道岔更换）、秦沈客运专线到沈阳的动车组。"中华之星"动车组到了北京站，《北京日报》在头版刊登了"中华之星"流线型动车组照片，有关报纸还发了新闻，介绍了有关情况并说从北京到沈阳只要 4 个多小时。国务院领导看到了，就把傅志寰部长找去，询问秦沈客运专线的有关问题。傅志寰部长回来找我说："领导发问了，要我们讲明情况。"我给傅部长讲，修秦沈客运专线包括技术标准都有批准文件。我让计划司、建设司的同志很快就把相关文件找出来，复印好，送给了傅部长。傅志寰同志亲自写报告就建设依据、主要技术标准、建设经过及采用的新技术、工程概算及动车组情况等做了全面说明。这些资料报上去以后就没再听到领导关于建客运专线质疑的声音了。

最近有不少关于中国高速铁路的议论，从历史角度看，我认为秦沈客运专线应该是我国第一条高速铁路。

首上青藏

关于青藏铁路，也是在我分管基建工作期间开工建设的。这要从我陪屠由瑞同志考察格（尔木）拉（萨）段说起。

2000 年 4 月底 5 月初，时任中国国际工程咨询公司董事长的屠由瑞同志（原铁道部副部长）找到我说，他参加了中央关于"十五"计划工作的座谈会，会上中央领导向他问起京沪高速铁路和进藏铁路的有关前期工作情况。屠部长说，京沪高速铁路的情况他比较清楚，一直在做前期论证，但对进藏铁路情况不太了解，没有能回答领导的询问。他问我了解不了解？我说，我在 1986 年随胡耀邦同志到过青藏铁路的西格段，那时刚开通不久，因多种原因格拉段的前期工作就没有全面展开。我还讲了 1994 年 7 月 19 日，在京西宾馆召开的中央第三次西藏工作会议上，江泽民同志提出修建进藏铁路。我代表铁道部参加了会议。会议纪要明确提出"抓紧做好进藏铁路建设前期准备工作"。会议期间，有位在西藏工作的同志特意找到我了解青藏铁路前期工作情况。根据中央的部署，从 1995 年起，部里加快了修建进藏铁路的前期准备工作，1996 年曾向第一、第二设计院下达进藏铁路规划研究任务，对青藏和滇藏线进行前期研究论证。第一设计院一直在做青藏铁路格拉段的工程试验；第二设计院做过滇藏铁路的方案研究，工程地质遥感判释。两院进藏铁路前期工作都在做，但具体情况我了解得不多。我对屠部长说，如果你需要这个方面的情况，我可以找这两个设计院提供。屠部长考虑后问我，"咱们到青藏线走一趟行不行？"作为分管基建工作的副职，我马上向傅志寰部长作了汇报。征得他的同意，我与部计划司当时的副司长黄民、鉴定中

心的同志于 5 月 12 日至 21 日，陪同屠由瑞同志一行，对进藏
铁路方案进行调研，并对青藏铁路格拉段进行了实地踏勘和考
察。我们在兰州听取了第一设计院青藏铁路格尔木至拉萨段的
前期工作进展情况、甘藏铁路规划研究意见的汇报，与设计院、
兰州铁路局的领导和专业设计人员，就修建问题进行深入讨
论。然后我们考察了西宁至格尔木段的运营情况、关角隧道改
造工程、盐湖路基和格尔木站情况，又乘汽车用 3 天时间实地
踏勘了格拉段的多年冻土北界、昆仑山垭口、清水河桩基试验
场、风火山试验路基、冻胀丘等不良地质地段、沱沱河大桥桥
位、唐古拉垭口、安多冻土南界、那曲北站位、当雄站位、拉
萨站位等。在拉萨与自治区党政领导及相关部门负责人进行了
座谈，认真听取了他们对修建进藏铁路的意见。在离开拉萨前
又沿着拉萨河谷考察了至日喀则段（到尼木）的情况。之后我
们从拉萨乘飞机到成都，与铁路第二设计院的同志进行了座
谈，听取了滇藏铁路预可行性研究和川藏铁路规划研究情况。

考察青藏线（左为兰州铁路局局长、右为第一设计院院长，图片由本人提供）

考察结束时，屠由瑞同志讲了修建进藏铁路的经济、政治及军事意义，并对进藏铁路的青藏、甘藏、滇藏、川藏 4 个方案和前期工作情况进行了比较分析，提出青藏铁路应为首选方案。并建议为使铁路能更好地服务西藏经济，应在青藏铁路格拉段建成后，适时修建拉萨至林芝（滇、川藏线西藏段）、拉萨至日喀则（铁路远景规划的新疆喀什至拉萨线的西藏段）的铁路，从而在西藏形成一个"T"字形的铁路网骨架。还建议铁路设计院尽可能优化设计，将青藏线格拉段总投资控制在 200 亿元以内，在铁路运营上打破常规，采取特殊运营方式降低成本。并建议青藏铁路建设不用银行贷款，争取国家财政支持。屠由瑞同志还表示：回京后将以个人名义向总书记、总理写出书面建议报告，希望铁道部做好上报项目建议书的准备。

现场考察和踏勘结束回到部里后，5 月 31 日我向傅志寰部长和党组呈送了《关于进藏铁路及考察情况的报告》，在报告中全面介绍了进藏铁路修建的历史变化、青藏、甘藏、川藏和滇藏四条进藏方案规划研究及基本情况比较，修建进藏铁路的重要意义、自治区及中国国际工程咨询公司对修建进藏铁路的主要意见。在报告中我也把铁路系统参加现场踏勘和调研的同志的意见进行了综合，从建设的意义、工程的难易程度、技术可行性、前期工作进度、施工组织和运营管理进行了比较分析，提出在目前条件下修建进藏铁路以青藏线为佳，因为青藏线长度最短（自青海格尔木到西藏拉萨），比其他线路短将近 500 千米；区域地形开阔平坦，桥隧少，工程较为简易，也因此决定了其投资最小。不过，修进藏铁路施工难度大，青藏线自然条件恶劣、冰冻期长、高寒缺氧、全年只有 7 个月左右的施工期，合理建设工期需 7 年，如采取措施加快建设，工期可能缩至 5 年左右。还初步测算了青藏线建成后的年亏损额。建议向国家提出，建设费用以国家财政投入为主、铁路建设基金为辅、不使用银行贷款。运营期间请求国家财政在转移支付中安排弥补。最后还向部党组报告了下一步工作安排意见：已要求第一设计院拟定高原冻土地区铁路设计暂行规定，由建设司审定；一院抓紧开展青藏线初测，2001 年完成可研，为初步设计创造条件；科教司立项高原冻土施工和高原地区运输组织的科研课题。建议计划司研究青藏铁路建设筹资方案，财务司会同有关部门研究青藏线的运营成本，这些问题以便在项目建议书和可研报告中向上级反映。

这份报告我同时抄送了屠由瑞同志。7 月 13 日部办公会议上我又让黄民司长作了《关于进藏铁路考察情况的汇报》。

9 月，铁道部在京召开了全国有关部委和路内外专家参加的进藏铁路建设方案论证会和预可行性研究审查会。经过反复论证，铁道部把青藏铁路作为推进的首选方案。随即，部里将青藏铁路的翔实而可行的报告呈送给了中央领导。

2000 年 11 月 10 日，江泽民同志在部里的报告上作出重要批示，指出修建青藏铁路十分必要，对发展交通、旅游、促进西藏地区与内地的经济文化交流非常有利，我们应该下决心尽快开工修建。这是我们进入新世纪应该作出的一个大决策，必将对包括西藏广大干部群众在内的全国各族人民带来很大的鼓舞。江泽民同志还考虑到高原严酷的地理和气候环境，要求对青藏铁路的运输、管理、维修模式，事前应有比较完善的预案。①

---

①《雪域高原千年祈盼》，《人民铁道》2001 年 6 月 26 日第 2 版。

经认真研究，12 月 1 日，铁道部向国家计委报送了项目建议书。12 月 14 日，国家计委领导同志主持召开了青藏铁路项目报告汇报会。2001 年 2 月 7 日，国务院总理办公会议批准建设青藏铁路。

经国务院批准，成立青藏铁路建设领导小组。2001 年 3 月 1 日，召开了青藏铁路建设领导小组第一次会议。会议听取了铁道部关于青藏铁路前期工作进展情况的汇报，研究确定了青藏铁路前期工作时间进度表。会后，成立了青藏铁路建设领导小组办公室，设在铁道部。随即，铁道部也成立以傅志寰为组长，孙永福和我为副组长、王麟书总工程师及有关司局领导为成员的铁道部青藏铁路建设小组，并于 4 月 29 日召开了第一次会议。

青藏铁路（图片来自网络）

青藏铁路批准立项后，我即安排部工程管理中心组建了青藏铁路建设指挥部。5 月 8 日至 10 日顺利完成可行性研究方案，5 月 16 日正式上报可行性研究报告。可行性研究报告批复后，即由建设司和建设指挥部组织了唐古拉以北地段的工程招标工作，有 10 家施工企业中标。2001 年 6 月初，中标的施工队伍即进场安家，保证了 6 月底北段展开施工。

为安排开工典礼，6 月 25 日我赶赴格尔木筹备典礼主会场的工作，保证了 6 月 29 日开工典礼的顺利进行。

2001 年 7 月中旬，我随胡锦涛同志率领的"西藏和平解放 50 周年中央慰问团"到了西藏，特意到拉萨河及柳吾隧道做了调研，并与建设指挥部拉萨分部的同志座谈。后党组遵照国务院领导意见，将青藏铁路建设交由另一位同志主管。我作为分管基建的副部长，就只参加相关会议，没有再到现场去。

组建铁通

在任副部长期间，还有一段工作上的插曲。这就是从 2000 年到 2003 年间组建铁路通信信息有限责任公司和整顿公司管理工作。1999 年铁道部讨论改革，研究先把铁路通信分出去，筹建铁道通信信息有限责任公司。在这之前，曾于 1994 年由电子工业部、电力工业部和铁道部联合筹建联通。盛光祖同志任副部长时分管铁通的筹备工作，2000 年调任海关总署任副署长。当时傅志寰部长和我讲："老蔡你把铁通管起来。"我说："铁通的工作与我没关系，我怎么管？我也没有管过铁路通信。你交给分管运输的副部长吧！"他不同意，坚持必须要我来管。

我一再推辞，他却依然坚持由我分管，我只能服从安排。光祖同志给我介绍了铁通筹备组的有关情况和参与联通工作的有关事宜。当时铁道部是联通的大股东之一，联通的负责人是邮电部退下来的副部长杨贤足同志。为此，我还专门与杨部长交谈了有关情况和需要我们做的工作，并请他对铁通的组建给予支持。

我这个人有个"特点"，说是"优点"也好，说是"缺点"也行，就是一个工作方式方法问题。对工作，要是我不分管，我也不去乱插手，该谁负责谁负责；对于明确由我分管的工作，我就要了解它是什么，管什么，然后组织大家努力干。既然党组让我兼管铁通的筹建工作，我就要了解组建的目的意义，研究如何组建。首先我认真地听取了筹备组同志的工作汇报，研究了组建中的问题和需要抓紧进行的几项工作，又借出差的机会，找路局通信段的同志座谈，听取意见、要求。经过与筹备组及有关同志反复研究，我提出了铁通公司的定位意见，明确了"立足铁路，服务运输，面向社会，市场经营"的工作方针，得到大家的认可，也成为铁通公司组建的指导思想。在各方面的支持下，得到信息产业部的批准，铁道通信信息有限责任公司在 2000 年 12 月 26 日正式挂牌成立，铁道部部长傅志寰同志和信息产业部的领导出席了挂牌仪式。由我任公司董事长，筹备组组长任总经理。在铁通公司成立的电视电话会议上，我在讲话中分析了国内外信息产业发展的总趋势，并强调"铁通公司的成立是铁路整体改革中一项重大举措，对促进铁路信息产业发展和铁路通信现代化建设以及盘活固定资产、提供资金支持，都具有极其深远的意义"，要求"铁通公司应紧紧抓住这一历史机遇，明确发展方向和市场定位，突出业务特点，成为中国电信市场上的竞争强手"。当时铁路通信虽然拥有贯通全国 6.5万千米铁路线的通信网络和 12 万千米的长途通信线路，总资产达 126 亿元，具有一定的竞争优势，其网络覆盖面仅次于中国电信，位居全国第二，但是铁路通信网络的覆盖面是有限的，且是沿着铁路线的，所以我在讲话中要求大家认清形势、明确任务、发挥自身优势，并提出了 3 个要求：铁通公司需要"确保铁路运输安全，确保职工队伍稳定，确保通信信息畅通"。抓好公司的正式挂牌成立，这也是我兼管铁通工作做的第一件事情。

铁通公司股东会第五次、董事会第七次、监事会第四次会议代表合影
（前排左七为蔡庆华，图片由本人提供）

　　当公司董事长，就要懂《公司法》。我就把《公司法》找来放在案头，将重要段落复印出来逐条学习，了解了什么是股份有限公司，什么是有限责任公司。董事会就要按《公司法》和公司章程办事，并针对铁通作为国有资产组建的有限责任公司做了研究。同时，我作为兼职董事长，向经理班子明确：日常运营管理是经理班子的事情。我就抓住一件事，组织开好两个会。这一件事就是公司资产的保值增值，不能让国有资产流失，并且要努力增值。两个会就是公司章程规定的两次董事会：年初的会，听取经理班子经营汇报，检查上年工作和计划执行

情况，讨论通过经营班子对当年工作的安排意见；年中的会是检查半年的经营情况、调整年度计划。当然在这两次会上董事会还会根据公司情况讨论任免有关管理的干部、向股东会报告工作等。

我抓的第二件事，就是公司成立后筹备组时期遗留问题的处理，端正班子的经营思想和方法。在我兼管铁通筹备工作不久，筹备组负责人给我讲，正与一家外国公司谈判，搞融资租赁。按筹备组负责人意见，我还会见了外方人员。经过筹备组与外方协商，设计了一个"做大做强"的方案，外方承诺投资数万美元与我方合作，租赁外方通信设备扩大铁路通信能力。但提出的条件是铁通公司如不能按其方案实施，要以铁道部通信处的资产作抵押（当时通信处是筹备组组建公司的重要依托，由中铁通信中心——筹备组管理）。我听到这个情况后，感到非常惊讶，铁道部的通信处是什么概念？这是中国铁路的神经中枢，是运输指挥的重要保证，怎么能以此作抵押！怎么能做这个承诺？别说筹备组负责人做不了主，我也做不了这个承诺！我立即给予了否定。

筹备组负责人一直想把铁通做大。铁通刚挂牌成立，就提出口号要5年超过中国电信。我在铁通筹备中就提出，中国电信自中华人民共和国成立以来发展到如今规模，其资产、网络覆盖范围远远超过铁通，而铁通的网络首先是为铁路运输服务，只能利用富余能力服务社会。铁通必须从自己实际情况出发，发挥优势，拾遗补阙，提升质量和品质，所以我一直耐心地向班子说明情况，不要好高骛远，要脚踏实地。

随着铁通公司工作的展开，铁通筹备中，中铁通信中心运作时的问题逐渐暴露出来，如为追求做大与地方或外资企业，利用铁路通信资源，合作成立的各类公司。有关同志一直认为，中铁通信中心不掏一分钱的现金，但所有合资公司都是占有51%的大比例股份，这就是把资产做大了。但是铁通公司在清理中发现，这些合资公司，有的成立2年以上，使用铁路的资源，用了铁通筹备组的名义，而铁路方却一直没有一点收益。没有收益回报的合资公司，怎么叫做大？看似合资公司，虽然没出资却占有大比例股份，可是一旦宣布破产，中铁通信中心（公司筹备组）也要承担大比例的责任呀！班子其他成员对此做法也不认可。大多数同志认为，对没有收益却要承担责任，且要使用我们资源的合资公司必须清理。

根据班子多数同志的意见，明确对铁通挂牌前中铁通信中心与有关方面签订的协议、合作组建的公司进行清理，以减少风险和损失。我多次强调，做公司的目的就是要盈利，没有盈利回报，绝对不能拿铁路的资源让别人去使用。说句实话，多年来，社会上不知有多少人利用铁路这个独特的资源赚足了钱，而铁路的收益是什么?甚至不惜让铁路亏本！这个账没有人算过。在铁通公司对挂牌前有关合作协议和合资公司的清理过程中，有的合资方还给铁通公司发过"律师函"，向铁通索赔！不知经过多少次谈判，有的还上了法庭，到2003年年初才解除了有关协议，清理工作告一段落。

清理过程中，与马来西亚机车贸易的代理工作也算是一个有代表性的合作项目。中铁通信中心在筹备组建铁通中，竟然敢与人合作做与自己业务完全无关的机车贸易代理。了解情况后，我问有关同志，你们之中有懂贸易的吗？有懂机车车辆专业的吗？既不懂贸易，又不懂专业，并且还要负责售后服务，这不是盲人瞎马吗？有同志认为，代理可以赚钱。我说钱是那

么好赚的吗？他们说已经签了协议，并且开始实施。我与大家
研究，已到这一步，必须依靠参与这项贸易的中铁工程总公司，
让他们牵头来做，以他们为主，我们参与，铁通不能为主。为
此我主持开了多次会，并派公司总会计师向国家有关部委汇
报，到国外谈判，才算将问题基本解决了。

铁通公司正式挂牌成立一年后，国务院分管铁路工作的领
导很重视铁路通信改革，专门听取了铁通工作汇报。领导指示，
铁通公司要加强内部改革，理顺与铁路的关系，明确核算办法，
实现政企分开；铁通的发展要与铁路的信息化建设结合起来……
充分体现了领导对铁路改革的重视和对铁通发展的关心。

我抓的第三件事就是完善铁通班子的建设。本来在部党组
研究铁通领导班子时，是由我担任董事长并兼党委书记。在党
组会议的当天下午，傅志寰部长突然到我办公室，向我说："老
蔡，有的同志提出来你不应该兼任党委书记，你就不要兼了。"
我先是一愣，问了一句"为什么"，马上我就说："行，行！不
兼就不兼。不过挺有意思，怎么上午会上不说？变化挺快！"由
于我不担任党委书记，我在会议上明确，日常经营工作由经理
班子负责，对过去遗留问题，因牵扯到公司总体经营方案和经
营方针，所以我组织和支持有关同志进行了清理和善后。但半
年不到，经营班子成员就向我反映总经理的经营理念和工作作
风问题。为此我把大家反映的问题向有关领导汇报，并请组织
干部部门对班子进行考察。由部纪委一位副书记带队到铁通公
司进行了考核。结论是，班子不团结，需要加强。但没有提出
主次责任。不久，部党组研究决定还是由我兼任公司党委书记。

2002 年 3 月底，铁通公司的多数班子成员联名给傅志寰部
长写信，列举了班子主要负责人在投资决策、人员使用、对外

合作等方面存在的问题，进一步证实了考察组的结论。傅部长把铁通班子成员的报告批给部党组同志传阅，并向我交代与铁通班子成员逐个谈话。在充分听取大家意见的基础上，我与干部部门商量，提出了铁通公司经营班子完善的方案。这时已到年中，也是公司董事会例行会议时间，按公司章程召开了公司董事会和股东大会，经部党组同意，顺利地完成了公司经营班子主要负责人的调整，完善了班子建设。

铁通公司班子健全完善了，公司机关也平稳下来，各项工作在新的主要负责人的组织下，依靠班子全体同志有序推进。到年底，为回应国务院分管领导对铁路通信改革和铁通工作的关心，我专门写了一份工作汇报，讲了贯彻落实 2001 年年底领导有关指示情况、介绍了 2002 年经营工作和 2003 年的工作安排。

在我兼管铁通公司工作期间，还做了一件事。那就是根据部党组的要求，为铁路运输无线通信争取 5 兆宽带。因为铁通公司是固话通信，没有无线通信的资质，但铁路运输的信息传输，尤其是今后高速铁路的发展，必须要有线和无线通信相结合，才能满足信息传输的需要。在向国务院分管领导汇报铁通工作时，我们就提出了要求，讲明了原因，得到了支持。在非典期间，我又专门到信息产业部向部领导做了专门汇报，得到了他们的帮助。最终，问题得到了解决，为高速铁路 CTCS 列车运行控制系统在内的信号技术体系的建立准备了条件。

2003 年第十届人大第一次会议后，铁道部换了部长。5 月份新任部长对我说："你不要再当铁通的董事长了，交给年轻的同志。"那时我已 60 多岁，铁通董事长由另外一位副部长继任。分管铁通工作的时间虽然不长，且是个插曲，但从中我学习和体会到一些东西。《公司法》就是在这期间为做好铁通董事长工作，认真学习了的，并结合铁通工作研读了重点内容，这也为我后来专门负责京沪高速铁路股份有限公司的工作打下一定基础。再是进一步加深了对企业经营管理的认识：组建一个企业的目的是什么，就是要经营好、多盈利，但企业的经营必须从实际情况出发，要知道自己干什么、依靠什么、怎么干，不能贪大求快，急功近利。目前有的单位就是丢掉了自身特色，什么都想干，缺少踏实的作风，结果是什么都干不成。

中国铁路还要加快发展

我上大学是在铁路院校，学习的是桥隧专业，毕业后分到铁路系统工作。从上大学学习铁路、认识铁路；工作以后亲历了铁路的发展和变化，也感受到铁路在我国经济社会发展中所承受的压力。铁路的运输能力一直处于紧张状态，尤其是改革开放后，成为国民经济发展的"瓶颈"。20世纪90年代，每年春运，部领导都要分工把口下到站段组织春运，其情其景至今还犹如眼前。这些年来，在党中央、国务院的重视、支持下，铁路发展很快，一批批新线、复线投产，建设起高速铁路网的骨架。从20世纪的60年代全国只有4万多千米运营线路，到2015年年底，我国铁路运营里程超过12万千米，复线率达到53.5%，电气化率达到61.8%。并且高速铁路开通1.9万千米，居世界第一位。2015年，全国铁路货运量达到33.58亿吨，客运量达到25.35亿人次，完成的货运量、客运量和客货周转量都稳居世界第一。铁路发展很快，但是我国铁路的发展还不平衡，还不能满足国民经济和社会发展的需要。我国是一个幅员辽阔、人口众多、资源分布不均衡的国家，大宗物资的长途运输、人员流动，还主要靠铁路，这就是中国的国情。

我记得 2000 年前后，铁道部党组去国务院给分管副总理吴邦国同志汇报工作，也谈铁道部的改革，也讲要政企分开。我们给吴邦国同志汇报，中国铁路的根本问题是数量少、标准低、能力不足，并且铁路能力不可储存，也不能转移。吴邦国同志就说，中国铁路再建设 20 年也不存在重复建设问题。十几年前吴邦国同志就讲了，这是很有远见的。

我曾经给不少同志讲过，也多次给铁路高校詹天佑班的同学们讲过：100 年前，中国革命的先行者孙中山先生，在他制定的《建国大纲》中就强调建设之首要在民生，提出"修治道路、运河，以利其行"。早在 1911 年他从外国回国任职途中就提出十年修 10 万英里（1 英里 ≈ 1609.344 米）铁路，尤其要建设西北铁路系统。10 万英里就是 16 万千米。2002 年，全国铁路营业里程才只 7.2 万千米。我 1961 年入铁路院校，学习铁路，1966 年从铁路高校毕业，进入铁路系统工作。到 2013 年退休，我学铁路、干铁路工作一共 50 多年，虽然组织修了不少铁路，但还不够多，离孙中山先生实业计划的宏图还差很远，尤其是新疆、西藏等西部地区路网还没形成和完善，东部路网还不够发达，高速铁路虽然发展很快，但与人民的需求还不适应，中国人出行还不方便。要用适合中国国情的交通工具来解决人们的出行问题、物资运输问题，飞机不行，长途汽车行吗？中国缺油也不行。铁路节能节地环保，从这些方面来说应该多修铁路。与公路、民航配合，分工合作，才能形成一个完整的交通运输体系。所以我认为中国的铁路还需要加快发展。我从领导岗位上退下来后，当选为全国政协第十届委员，曾多次利用政协这个平台，我的提案、我的发言，都是围绕加快中国铁路建设、发展提出的。

大家都承认，铁路是国民经济的大动脉，是国家的重要基础设施，是交通运输系统的骨干。借用领导的讲话：铁路也是民生工程，是大众化的交通工具。我长期从事铁路建设，铁路与其他交通工具相比有着其显著的比较优势。先从铁路的占地来说，单线铁路与2车道公路、复线铁路与4车道公路基本相当，但从输送能力来说，铁路就是公路能力的两倍以上或更多。从能源消耗来说，据统计，铁路用交通行业不到1/5的能源消耗量，完成全社会1/2的运输周转量；中国是石油进口国，电气化铁路大大降低了铁路的能耗。再从对环境的影响来看，电气化铁路的污染物排放接近于零，铁路是绿色交通工具。铁路运输更适合于我国内陆深广、区域发展不平衡和人员物资长距离流动的国情。在我国，铁路对保证国民经济持续增长、促进区域经济协调发展有着不可替代的作用。

2004年7月，我列席政协常委会议时，在记者的采访中，我提出要大力发展中国铁路。我说，从宏观上看，我国铁路无论是按国土面积计算，还是按人口计算，路网密度都落后于发达国家，而铁路负荷却高居世界榜首。铁路经过了4次大提速，到2003年4月18日零时起，还进行了第五次大面积提速，整个铁路货运能力提高3%左右。然而与日益增长的煤炭、石油等能源需求相比，仍显杯水车薪。据我所知，6月份平均日装车10万辆，即使是这样，申请车皮满足率也仅达到40%。到2010年，我国计划人均GDP翻一番，就算所需能源增长率为现在的一半，运力也要再增加18亿吨。怎么运？这是一个必须解决的大问题。在以后的几次政协会议上，我都强调需要加快铁路发展步伐的问题。我国正处在经济持续快速发展的重要时期，但由于铁路的发展严重滞后，其瓶颈制约依然非常突出。从货运来说，满足率几年来一直在 35% 左右，几大干线长期超负荷运输。再拿客运来说，全国铁路每天能提供的席位是 242 万多个，但目前铁路日均输送旅客在 340 万人以上，黄金周期间供需矛盾更为紧张。铁路运输能力严重不足，是我国经济社会发展中的一个不和谐因素。为尽快缓解并消除铁路发展滞后对国民经济的瓶颈制约，我们必须站在新的历史起点上，推动我国铁路实现科学发展、快速发展。

在 2007 年政协第十届第五次会议期间的经济界联组会议上，总理和国务院有关部门的负责同志都到会来听取了委员们的发言。这次我有机会就京沪高速铁路的建设问题做了 10 分钟的发言。我不但介绍了京沪高速铁路 10 多年的前期论证、勘测设计工作，还重点讲述了京沪通道运货难、乘车难的情况，强调修建京沪高速铁路的重要意义。特别呼吁尽快开工建设京沪高速铁路，缓解通道内的运输压力。

你们问道，如何加快中国铁路建设和发展？我个人认为，除了党中央、国务院的高度重视，做好铁路发展规划工作外，还需要有关部门和地方政府的大力支持，更重要的是解决好铁路建设资金的来源问题。

大家都知道，铁路建设所需资金巨大。投入不足是近年来铁路运力不足的主要原因。铁路的固定资产投资在"八五"期间占到 GDP 的 1.2%，但到 2005 年却只占 0.71%。"十五"以来，国家对基础建设虽然投入很大，但与高速公路发展相比，铁路投资就小得多了。2005 年，公路的投资达到了 5000 多亿元，铁路投资只完成 880 亿元，公路是铁路投资的 5 倍多。但是从运输需求来看，中长途、大宗货物运输依靠铁路的状况并没有改变。西部的矿产、北部的粮食、东部的机械设备等产品，主要还是依靠低运价的铁路来运输。

至于铁路投入不足的原因，我认为主要有 3 个方面：首先是地方政府投资的积极性不高，认为铁路是国家的，公路是地方的，并且公路修一段，两头一堵就可以收费，挂出牌子"贷款修路，收费还贷"，合理合法。而铁路由于整体路网性很强，单独修一段，除专用铁路外，很难单独运营。其次是由于铁路建设周期长，一般要四到五年，投入的资金也比较大，非公资本对此积极性不高。最后是铁路定价权不在铁道部，而运价又偏低，回收慢。资本投入都是需要看得见收益的，因此这多方面原因让地方和非公资本不愿意投资铁路。

怎么办？我认为要制定政策鼓励社会资金，尤其是非公资本进入铁路投资领域。目前铁路主要是这几种筹资方式：铁道部每年的建设基金大约 500 亿元，国家银行的贷款、国家批准发行的债券，以及铁道部和地方政府或企业合资修路。2005 年，合资入股的资金规模不超过 200 亿元，不到总投资的 1/4。就是目前，铁路投资相当部分还是靠银行贷款支持。可见，当前铁路修建仍然是以铁道部的建设基金和银行贷款等为主，多渠道的融资格局尚未形成。2005 年 7 月，铁道部出台《关于鼓励和引导非公有制经济参与铁路建设经营的实施意见》，全面开放铁路建设、客货运输、运输装备制造与多元经营 4 大领域，并制定了 7 项措施扶持非公有制经济参与铁路建设经营。这个文件毕竟是个部门文件，虽然产生了一些作用，但是效果不明显，应由国务院出台相关的政策条例来进行鼓励。对于中、西部地区的铁路，可以建立投资基金，以不低于银行贷款利息的方式鼓励社会、私企等资金投入铁路建设基金。并且应当在国家土地管理法允许的范围内，对铁路两侧及车站附近土地使用给予铁路投资者更多优惠政策。因为铁路作为基础设施，对地方的经济会产生比较大的带动作用。还应鼓励地方政府将土地按当地基础设施用地作价入股，参与铁路投资。

因为铁路工程巨大，影响面广，不但建设周期长，而且前期工作时间也长，除工程本身的勘察设计、立项、可研外，这中间还有环保评估、土地预审、水利防洪审批等工作，尤其是征地拆迁的办理都需要得到国家、地方和社会各方面的支持。最近我看到了经国务院批准，由国家发改委、交通运输部和中国铁路总公司联合下发的新一版《中长期铁路网规划》，明确了到 2025 年、2035 年的目标，非常鼓舞人心。

总之，中国铁路作为基础设施，发展一定要适度超前。中国铁路的发展需要国家、地方和社会各界的共同努力。

八、建设京沪
高速铁路

　　中国的高速铁路世界瞩目，国人自豪。乘高铁出行已经成为大多数中国人首选，高铁已经成为很多人离不开的交通工具之一。说到中国的高速铁路，当然离不开京沪高速铁路。我从1996年2月分管铁路建设工作，后兼任铁道部高速铁路建设领导小组副组长、办公室主任，2003年7月不再任副部长，但专门负责京沪高速铁路的相关工作，2007年年底任京沪高速铁路公司董事长。一直到2013年9月办理退休手续。在这长达10多年时间里，我进一步了解了铁路各级领导和广大科技人员对中国高速铁路前期所做的大量卓有成效的工作，后来在参与京沪高速铁路的有关技术论证和设计优化工作中，在组织这项工程的建设和初期运营工作中，更深刻地认识到中国的高速铁路凝聚了几代铁路人的智慧和努力，它是科研、设计、施工和设备制造等铁路内外各方面共同创造的成果。中国高速铁路的建设和发展，绝非一时之功，更非一人之力。一段时间以来，对于中国高铁的由来和建设，众说纷纭，很少有人追溯其来龙去脉，以至于出现混淆视听或是道听途说的传言。我把所了解的前期工作情况，以及后来参加京沪高速铁路建设和运营情况做个简单介绍，就是希望人们不要忘记那些为中国高速铁路建设做出贡献的广大科技人员，希望能全面客观地评价中国的高速铁路。

我所了解的前期工作——要不要修

大家都知道，1978 年 10 月，邓小平同志应邀访问日本，在乘坐新干线高速列车应记者之请谈对新干线的观感时说："就感觉到快，有催人跑的意思。我们现在正适合坐这样的车！"邓小平同志的话意味深长，这既是对新干线的肯定，也深含着不跑就要落后、"落后就要挨打"的寓意。我认为还在提醒我们中国铁路人，我们要有自己的高速铁路！

大家都知道中国铁路是从 1876 年英国商人在上海吴淞口修建轨距 762 毫米的窄轨铁路算起，在中华人民共和国成立前的 70 多年间，中国总共修建了 2.5 万多千米铁路。由于长期战乱的破坏，能维持通车的线路只有 1 万多千米。不但数量少，而且标准低、设备差、速度慢。

中华人民共和国成立后，党中央、国务院高度重视铁路建设，一方面积极修复被战争破坏的线路，一方面加快新线建设。至 1978 年，中国大陆除西藏外，各省省会城市、自治区首府都通了铁路，但全国铁路运营里程也才 5.17 万千米，复线 7630 千米，电气化铁路 1030 千米。改革开放后，国民经济快速发展，人员流动增加，铁路严重不适应经济社会发展的需要。早在 1982 年中央领导就指出："铁路运输已成为制约国民经济发展的一个重要原因。"尤其是京沪铁路、进出关铁路和京广铁路湖南至广东段一直处于紧张状态。1990 年，京沪铁路全线平均每公里客货运输换算密度合计超过 1 亿吨，分别为全国铁路客货运输平均水平的 5.4 倍和 3.7 倍，繁忙区段运能缺口有时达到 50%。即使靠拼设备、挤维修、超负荷运输仍不能满足需要，这里是能力最紧张的通道。京沪铁路贯穿北京、天津、河北、山东、安徽、江苏、上海 7 省市，连接环渤海和长江三角洲两大经济区。四省三市国土面积占全国的 6.4%，1992 年人口数量占全国的 26.5%，国民生产总值和国民收入分别占全国的 33.4% 和 33.9%，是我国经济、社会最发达的地区。铁道部没有忘记邓小平同志乘坐日本新干线时的谈话，依据国家《中长期科技发展纲要（1990—2000—2020 年，讨论稿)》的意见，于 1990 年 3 月向国务院报送了《关于"八五"期间开展高速铁路技术攻关的报告》，12 月份就完成了《北京至上海旅客列车专用高速铁路方案研究初步设想》，论述了修建京沪高速铁路的重要意义和作用。应该说，从此就开始了京沪高速铁路的前期工作。

1991 年 4 月，铁道部在有关部委和沿线省市的支持下，组织铁道部第三、第四勘察设计院分别完成了北京至南京段和南京至上海段高速客运系统规划方案可研报告，并于 5 月组织铁路内 100 多位专家参加"时速 200 公里以上高速铁路技术论证会"，对最高速度目标值、技术路线等进行了论证。

1992 年国家计委将"高速铁路基础关键技术研究课题"列入"八五"国家重点科技攻关计划。7 月 16 日，时任铁道部部长李森茂在全国铁路领导干部会上宣布，着手进行京沪高速铁路建设的前期工作。同月，铁道部向国务院报送了《关于尽快修建高速铁路的建议报告》。

1993 年 4 月 24 日，国家科委、国家计委、国家经贸委、国家体改委和铁道部（简称四委一部）联合成立了"京沪高速铁路重大技术经济问题前期研究"课题组，围绕工程建设方案、资金筹措与运营机制、国际合作、经济评价等有关决策的重大技术经济问题开展研究。11 月铁道部完成《京沪高速铁路项目建议书》，并于 12 月 30 日上报国家计委，重点论述了修建京沪高速铁路的必要性。与此同时，历经 8 个月的工作，"四委一部"课题组将《前期研究汇报提纲》报送国务院分管领导。汇报提纲提出：修建京沪高速铁路势在必行，解决京沪大通道运输问题的关键在京沪铁路扩能，京沪铁路扩能最佳方案是修建高速铁路。修建京沪高速铁路技术、经济上可行，而且愈早建愈有利，应尽快批准立项。

1994 年 1 月，四委一部领导同志向国务院分管领导汇报了京沪高速铁路前期工作。1994 年 3 月，"四委一部"《关于报送建设京沪高速铁路建议的请示》上报给国务院。"四委一部"建议：国家对京沪高速铁路应尽快批准立项，同时加强前期工作并列为国家重点工程项目，力争 1995 年开工，2000 年前建成。

3 月中旬，在全国政协第八届第二次会议上，铁路系统的沈之介等 5 位委员在大会的发言中提出：重视铁路旅客运输，建设京沪高速铁路。强调指出，鉴于京沪线目前巨大的运输压力，国内外专家一致认为，建设京沪高速客运专线是京沪铁路扩能的最佳方案。由于实现客货分线运输，新线以客运为主，时速 250 公里，年双向客运能力可达 1.2 亿人以上，京沪间旅客列车的运行时间，可由目前的 17 小时缩短到 7 小时。这对发展经济和振兴旅游业都会产生巨大促进作用。①

1994 年 5 月 31 日，国务院总理办公会听取了铁道部领导关于京沪高速铁路建设问题的汇报；6 月 8 日，中央财经领导小组召开会议，也听取了铁道部领导关于京沪高速铁路的汇报，研究了京沪高速铁路建设问题。7 月，中央财经领导小组下发的会议纪要中明确指出："原则同意铁道部关于修建京沪高速铁路开展予可行性研究的建议。"10 月，铁道部向国务院分管副总理报送了《关于组织开展京沪高速铁路预可行性研究工作的报告》，同月领导批复同意。这标志着京沪高速铁路前期工作得到了中央的认可。

铁道部随即成立了"京沪高速铁路预可行性研究领导小组"，并设立了"铁道部京沪高速铁路预可行性研究领导小组办公室"，由铁道部原总工程师沈之介出任办公室主任，专门负责京沪高铁的预可行研究和相关工作。

在铁道部关于京沪高速铁路的前期工作中，同时也出现了不同意京沪高速铁路上马的声音。

1994 年 6 月，有关部门在北京香山召开由院士和各方面专家、学者参加的"香山科学会议第十八次学术座谈会"，内容是讨论中国高速铁路技术和发展战略，所以在铁路系统这次会议又被称为"中国高速铁路技术和发展战略研讨会"。时任铁道部总工程师，也是京沪高速铁路前期论证的组织者沈之介同志介绍了有关情况，指出："京沪铁路繁忙得快要瘫痪了""京沪高速铁路的方案已经确定下来，争取 1995 年开工，2000 年建成"。他希望，技术方案能得到专家支持，京沪高速铁路尽

---

①《重视铁路旅客运输建设京沪高速铁路》，《人民铁道》1994 年 3 月 16 日第 1 版。

快兴建。与会的院士专家一致认为，"从我国国情和国际发展经验出发，应该将高速铁路放在优先地位重点发展，以改变我国铁路落后的面貌"，并指出"借助国际已成熟的，有30多年运营经验的常规轮轨系高速铁路技术，……力争在2000年前后建成时速250公里以上的京沪高速铁路的思路和部署是正确的"。

但是会议期间，有铁路系统的专家却坚决反对京沪高速铁路马上修建。持反对意见的代表人物一个是上海铁路局的原总工程师华允璋老先生，一个是铁道部专业设计院的副院长姚佐周同志。他们反对马上修建京沪高速铁路的理由，一是认为京沪铁路如果实施电气化改造，通过能力可以提高14%，货车牵引定数可以提高25%～35%；并且这样改造的投资比建高速铁路投资少得多，提出为什么节约的方案不用而花几百亿元修高速铁路？二是提出在既有线上引入摆式列车，可以提高旅客列车速度。他们还主观地认为京九线修好了，再发挥沿海既有线的能力，就能解决好京沪线能力不足的问题。

除此之外，还认为修高速铁路投资巨大；主观臆测修建高速铁路客货分线，既有线客源流失、高铁线客流也不足，两线都要亏损。尽管沈之介等同志多次与其交换看法，但他们还是持反对意见。

1994年12月，"四委一部"课题组完成了"京沪高速铁路重大技术经济问题前期研究总报告"并上报国务院领导。这份总报告不但对修建京沪高速铁路的重要性、必要性和可行性做了详细分析，而且对京沪铁路主要扩能方案，包括既有线电气化改造、提高列车编组、采用摆式列车、修建普速四线、普速客专等都做了专题分析比较，还对修建京沪高速铁路的总投资、技术路线、与既有线的分工及行车组织、运营机制、京沪高速铁路的财务评价、经济效益评价等问题一一向国务院作出详尽的报告。认为"建设京沪高速铁路是京沪铁路扩能和现代化的最佳选择""建设京沪高速铁路是迫切需要的，在技术上是可行的，经济上是合理的，国力是能够承受的，建设资金是有可能解决的"。并建议国务院"尽快批准立项，列为国家重点工程项目。加强前期工作，力争'九五'期间尽早建设开工"。12月下旬，国家科委组织由国务院发展研究中心、中国交通运输协会、中国社会科学院、中央财经领导小组、国家科委、计委、经贸委、铁道部、交通部等单位专家组成，国务院发展研究中心主任马洪任主任的鉴定委员会对总报告进行鉴定，一致认为该项研究数据翔实，内容充实，结构明确，建议可行⋯⋯意义重大，富有成效，是一项重大软科学研究成果。这个总报告得到了鉴定委员的充分肯定。

这个总报告实际上对反对意见提出的各种扩能方案等都做了专题分析，认为京沪线扩能的最佳方案是建高速铁路。对这个研究报告，持反对意见的那两个专家还是不赞成，一个认为该报告"急于求成，仓促应付，草率行事，掩盖矛盾，拼凑数据"，并于1995年在某媒体上和杂志上先后发表《新建高速铁路并非当务之急》和《再论新建高速铁路并非当务之急》，批评"四委一部"的报告是"高估运量、低估投资、高估效益"，坚决反对京沪高速铁路列入"九五"计划，坚持认为既有线电气化改造即可。与其相呼应，1996年在全国两会期间，另一个专家以个人名义给人大有关代表团和政协相关小组送去《关于缓建京沪高速铁路的建议》。他们仍然认为，建设京沪高速铁路投资巨大，超出了国民经济和老百姓的承受能力，并且认为经济效益不明显，坚持既有线改造方案就能满足运输需要。

针对这两位专家的意见，国务院有关领导批示铁道部："京沪高速铁路要继续组织论证。"根据领导要求，铁道部预可研办公室又先后组织 2 次论证会，并特别邀请这 2 位同志参加。但他们仍然固执己见，坚决反对京沪高速铁路开工修建。

在这年的两会上，沈之介总工程师作为全国政协委员也提交了一份尽快修建高速铁路的提案。当年在全国人大批准的《国民经济和社会发展"九五"计划和 2010 年远景目标纲要》中明确："集中力量建设一批对国民经济和社会发展具有全局性、关键性作用的工程……着手建设京沪高速铁路，形成大客运量的现代化运输通道。"

这个目标纲要对加快京沪高速铁路的前期工作起到了重要的推动作用。铁道部组织部经济规划研究院、国家计委综合运输研究所、铁科院、铁三院、铁四院、西南交通大学、北方交通大学、中铁大桥工程局等单位，继续深化前期工作。1996 年 4 月，铁道部完成了《京沪高速铁路预可行性研究报告》，报告提出"京沪铁路运输需求将持续增长，既有京沪铁路各区段的运输能力已经饱和或接近饱和，全线各区段都急待扩能。但是采用传统的既有线技术改造或修建新线等扩能方案，都不能解决京沪运输大通道运输能力严重不足和提高铁路运输质量，不能从根本上解决供需矛盾问题。修建京沪高速铁路，是解决京沪大通道运输供需矛盾的必然选择"，并建议"尽快立项将京沪高速铁路列入国家'九五'计划，作为国家重点建设项目"。

1996 年 9 月 18 日，总理办公会听取了京沪高速铁路前期工作情况的汇报，肯定"建设京沪高速铁路是需要的"，提出"本届政府立项，下届政府开工"的意见要求。10 月 8 日，国务院办公厅秘书局向国家计委、铁道部、人民银行下达了《国务院会议决定事项通知》，提出："从沿线经济发展远景看，建设京沪高速铁路是需要的。前期工作要充分论证客流和投资效益，可考虑在本届政府任期内完成京沪高速铁路的立项工作。可以通过多渠道筹集建设资金，包括使用国外政府贷款等。对外开展技术、经济合作洽谈及人才培养等工作，可在统一部署下进行。"1997 年 3 月铁道部再向国家计委报送《新建北京至上海高速铁路项目建议书》，仍建议 1998 年开工，2005 年全线开通京沪高速铁路。

1997 年下半年亚洲金融风暴爆发。为应对金融危机影响，1998 年年初中央转发了国家计委提出的《关于应对东南亚金融危机，保持国民经济持续快速健康发展的意见》（下称《意见》）。《意见》提出必须加快经济体制和经济增长方式的转变，立足扩大国内需求，发挥国内市场的巨大潜力。首先要保持必要的投资规模，调整投资结构，重点增加农林水利建设，铁路、公路、通信、环保等基础设施建设和高新技术产业化的投入。意见要求加快铁路在建项目，包括西安安康线、南疆线、朔黄线及有关复线的建设速度，还新提到了十几个铁路重大项目，包括神（木）延（安）线、梅（州）坎（市）线、内昆线（宜宾至六盘水段）、秦沈客运专线和株（州）六（盘水）、新荷充石复线等。《意见》还特别提出："加快京沪高速铁路的前期准备，争取 2000 年开工建设。"

这样，京沪高速铁路修不修的问题基本解决了。可以说，1990—1997年都是围绕着京沪高速铁路修不修、是快修还是缓修的问题进行的。到这时意见已经统一，这个问题应该说是落地了。实际上，在铁道部的领导下，2个设计院的前期工作，如线位优化、地质勘探、初步设计、科研试验等一直在紧锣密鼓地推进中。

我所知道的技术制式论证——用什么技术修

1998年3月，全国人大第九届第一次会议召开，新一届政府组建。1998年6月初，在两院院士大会上，国务院领导做形势报告，向在场上千位院士提出"京沪高速铁路是否可以采用磁悬浮技术"的问题。这无形中又冒出来一个用什么技术修的问题。对反对修建高速铁路的代表人物提出的质疑，"四委一部"的工作应该是比较完美地回答了，中央批转的国家计委《意见》对开工建设问题也明确了。但两院院士大会后，京沪高速铁路采用什么技术来修的争论和论证开始了。

院士大会后，中科院的一位院士虽然因事没能出席会议，但听到领导提出"磁悬浮技术"问题后，立即给国务院领导写信，大力推崇磁悬浮技术，认为"高速磁悬浮列车技术已经成熟"，并说"日本、德国除推进本国计划外，……一致认为中国是最适合的国家"，希望"拟定我国交通发展战略，进而明确高速磁悬浮列车在其中的地位"。领导很重视这位院士的来信，明确表示"发展磁悬浮高速铁路体系，先建试验段"。中国工程院非常重视国务院领导提出的意见，院士大会结束后，即组织了 30 多位专家成立专家组，先后到西南交通大学和广东深圳考察磁浮技术和摆式列车，组织了 3 次会议进行讨论。认真研究之后，于 1999 年 3 月 31 日，中国工程院以院文向国务院呈报了《磁悬浮高速列车和轮轨高速列车的技术比较和分析》的报告。报告中，工程院明确提出：其一，建设京沪高速铁路是我国发展高速铁路的首先选择；其二，轮轨高速技术从国际上看，既是成熟技术，又是正在不断发展中的高新技术，在京沪线上采用轮轨技术方案是可行的；其三，磁浮高速列车有可能成为 21 世纪地面高速运输新系统，具有明显的技术优势；其四，采用摆式列车，对于客、货高密度混运的京沪线而言，难以达到提速 200 千米/小时以上的目的，因而是不可取的。

中国工程院报告呈上去后，领导直接转给了中科院持磁悬浮技术观点的 3 位院士。4 月 18 日，这 3 位院士批驳工程院报告的信就呈给了国务院领导，表示"对报告内容存在根本的分歧"，强调基于中国领土辽阔，"中国不宜发展高速轮轨列车，而应大力发展磁悬浮列车"，并且提出"磁悬浮技术在证实其运营成熟性后，其更高速的优势及高速轮轨相差不多的投资与运营成本必然会使其成为中国轨道交通首选的方案"。还说，在国际合作基础上发展磁悬浮风险要小得多，提出"近年来我国铁路客、货运量有所下降……立即建设京沪高速铁路可能出现长期亏损局面，应该延缓决策"。他们的话很委婉、有前提，用了"证实其成熟性后""高速轮轨差不多投资和运营成本"等。我认为他们应该知道，外国多年来一直是试验线，并且投资比轮轨大，但他们是要曲意迎合领导还是有其他原因？不得而知。他们评论工程院的报告"提出'建设京沪高速铁路是我国高速铁路的首先选择''在京沪线上采用轮轨技术方案可行'的结论不妥"。这些人主张磁悬浮技术反对轮轨的信，领导很快批示给中国国际工程咨询公司要求再组织研究，并要求计委、经贸委、铁道部、科学院、工程院等有关部门专家参加。这是第一次技术制式的论证，我认为，实际上以否定工程院的报告而告终。

1999年7月，有关方面派磁浮观点的人员前往德国考察德国的磁浮列车。同月，有关领导也带团访问日本，主要考察轮轨高速，也了解了日本磁浮线的情况。回来后，去德国的总结了乘坐德国磁浮的感受及磁浮的优点，建议马上修建磁浮专线。去日本的认为：其一，轮轨高速列车是铁路高速客运系统的主体，其技术在不断进步；其二，磁浮高速列车是铁路高速客运系统的补充，其工程化尚需时日。

1999年9月中旬，中国国际工程咨询公司董事长屠由瑞同志也是咱们铁道部的老部长，按领导批示邀请了计委、经贸委、铁道部、中国科学院、中国工程院等单位的领导和26位专家（其中9名院士）共61人参加，在北京组织召开《高速铁路轮轨和磁悬浮交流比较研讨会》。会上印发了13份材料，42人次发言。大多数同志都认为用轮轨技术可行，但是也有少数不同意见。会上争论非常激烈，没法达成统一意见。最后主持人宣布不做总结，还需要思考的时间。

直到2000年1月在铁道部配合下，中国国际工程咨询公司才完成了上报国家计委的《关于高速轮轨与高速磁悬浮比较的论证报告》。报告根据多数人的意见，建议京沪高速铁路采用高速轮轨技术系统，可选择适当线路建设短距离磁悬浮试验线。这是中国国际工程咨询公司主持的第一次论证，也应是技术制式的第二次论证。

2000 年 8 月，中国国际工程咨询公司应国家计委的委托，完成并上报了京沪高速铁路项目建议书的评估报告，认为建设京沪高速铁路是必要的，应尽早立项。咨询公司关于轮轨与磁悬浮比较论证报告和项目建议书的评估报告送上去后都没有见到领导的批示意见。而这时磁悬浮的动作却很快。按领导批示，国务院有关部委和专家 2000 年 6 月到日本、德国考察磁悬浮线路，就在 6 月与德国签订了在上海建磁悬浮线的协议，8 月批准立项，2001 年 3 月即开工建设。上海的磁悬浮就是龙阳路到浦东机场 30 多千米 100 来个亿修建的那条线。

2002 年 12 月 31 号上海磁悬浮单线调试通车，国务院领导亲自到现场。单线通车，还在进行实验呢，还把铁道部部长叫过去了，意思很清楚，就是力挺磁悬浮。

京沪高速铁路既然迟迟不能立项，铁道部研究，鉴于既有主要干线速度偏低，就在既有线上搞提速，将铁路科技工作者的最新研究成果应用到提速改造中，这就是从 1996 年开始的全路大提速工作。再就是另选运能紧张区段建客运专线，这就是秦沈客运专线的由来。

当时修秦沈客运专线的目的只有一个，就是把它当作高速铁路的试验线，把研究成果用上去，检验我们的设计和施工能力，为京沪高速铁路的筹建准备技术、装备和人才。为什么能在 2003 年年初铁道部批准下发了《京沪高速铁路的设计暂行规定》？就是因为在 200 千米/小时的基础上，经过秦沈客运专线的试验，结合其设计、施工，尤其是其试验段的实施所取得的成果，编制了京沪高速铁路每小时 300 千米、线路平纵断面及基础设施满足最高行车速度 350 千米/小时的设计暂行规定。所以秦沈线是一个非常重要的试验线，在山绥段，"中华之星"全编组的试验速度达到 305.9 千米/小时，2M+3T 编组的最高试验速度达到 321.5 千米/小时。有领导同志说，中国的第一条高速铁路应是秦沈客运专线。我认为这是有道理的！

2003 年 3 月全国人大第十届第一次会议召开，新一届政府成立。4 月中旬黄菊同志到铁道部视察工作，5 月上旬曾培炎同志专门听取了铁道部的汇报，他们都肯定京沪高速铁路做了大量前期工作，现在到了该决策的时候了。要求铁道部抓紧准备向国务院汇报。中旬温家宝同志对京沪高速铁路建设问题作出批示："请发改委、铁道部会同有关部门广泛听取意见，充分论证，科学比选，提出方案……"

不久国家发改委致函中国国际工程咨询公司，委托其对京沪高速铁路修建的必要性、采用的技术制式和国产化问题再次组织论证。为组织好论证工作，中国国际工程咨询公司商发改委向铁道部、科技部发出通知，要求铁道部和科技部各推荐 8 名专家，中咨公司也邀请了 8 名专家，组成专家组。当然铁道部推荐的都是主张轮轨观点的，科技部推荐的肯定是主张磁悬浮观点的。据了解，中咨公司邀请的是综合型专家。我和部高速办的同志全力以赴配合中咨公司做好论证工作。8 月下旬由中国国际工程咨询公司出面组织，我和高速办陪同专家组的 24 名同志先后到秦沈客运专线和上海浦东磁悬浮线考察调研，乘坐了"中华之星"试验列车和磁悬浮列车。西南交通大学的沈志云教授来了，连级三教授也来了。

连教授是研究磁悬浮技术的，我还单独与他交流了一次，我问连教授："你认为磁悬浮技术现在能实际应用吗？"连教授只是笑。我说："我认同磁悬浮的科研成果，但现阶段应用于工程实践还不成熟。"

在上海参观磁悬浮工程（左一为蔡庆华，图片由本人提供）

9月1日论证会在北京铁道大厦召开，预计6~7天。会前我让铁道部高速办把京沪高速铁路前期工作资料、秦沈客运专线的建设资料和"四委一部"的研究报告特意摆出来供专家查阅。与会人员达60多人，会议由中国国际工程咨询公司领导主持。第一个议题是建设京沪高速铁路的必要性和重要性。铁道部高速办作了专题汇报，国家磁悬浮研究中心的同志做了发言。只用了一天多时间，专家就达成一致意见，认为应该建设京沪高速铁路，并建议尽快决策立项，快速上马。第二个议题是京沪高速铁路建设采用什么技术制式。铁道部高速办就世界高速铁路发展趋势、中国高速铁路发展战略、京沪高速铁路采用轮轨技术的可行性、秦沈客运专线工程实践和建设京沪高速铁路的有利条件做了系统阐述和分析；国家磁悬浮交通工程研究中心吴祥明主任就上海磁悬浮示范线建设初步总结、高速磁悬浮交通系统适用性和国产化研究等做了讲解。与会同志按专家冯之浚提出的 10 个方面，即技术特点、路网兼容、工程特点、综合效益、投入比较、基础工作、环境影响、国际经验、安全可靠、运营经验等做了对比分析。专家争论比较激烈。通过 3 天提问、讨论、争辩，问题逐渐明显。连级三教授也同意京沪高速铁路采用轮轨技术，经济学家李京文院士是科技部推荐的专家，他从造价、技术、运营等方面逐一比较后，也说轮轨技术成熟得多。专家投票了，18 位赞成京沪高速铁路应该采用轮轨技术，3 位专家弃权，3 位专家坚持采用磁悬浮技术。投票结束后，坚持磁悬浮技术的一位专家说："这不行！"我与他不熟悉，但通过现场考察和几天的会议，也算认识了。我对他说："这不是很清楚了吗？磁悬浮不是说它不是先进技术，但是在现阶段它还不成熟，日本、德国研究实验了那么多年，为什么不大范围使用？"我接着问他："你说磁悬浮有很多优点，转弯半径小，爬坡能力强，京沪沿线大都是平原，磁悬浮到西部、西南山区去修，就不用修隧道了，也少修桥梁了。"他立即回答说，"西部山区哪有钱修？哪有那么大运量？"言下之意，他自己也承认了 2 种技术的经济性比较了！

磁悬浮技术有它的优势，速度快，但是它跟既有线不兼容，就是上海机场线从市里到机场，至少必须换乘一次，那旅客的时间不就耽误在路上了吗？京沪高铁如果采用磁悬浮技术，那么到西北、东北都必须在中途换乘。再者，从当时比较看，磁悬浮线的车辆制造都是引进国外的。还有一个是造价，当时修建秦沈客运专线，404 千米花了 160 多个亿，是双线电气化（不包括购车）；上海磁悬浮线就 30 多千米，花了 100 多个亿。从中国的国情、从线路兼容性、从技术的成熟及掌握的情况、造价比较，应该承认轮轨高铁技术更有优势。

在技术制式的辩论中，有的磁悬浮专家就说：如果京沪通道不用磁悬浮技术就不能修，必须把这个通道让出来，等到磁悬浮技术成熟了再修。也就是说，如果不在京沪通道修磁悬浮线，就没有修磁悬浮的地方了。从这一点也可以看到 2 种技术的优劣了。

到论证第三个议题的时候，投票反对轮轨技术的专家就离开会议不参加了。对第三个议题，我们是做了准备的，铁道部高速办对土建、四电和动车组设备的国产化问题向有关专家和中国国际工程咨询公司提交了资料。我们当时就认为土建工程全部是我们自己的技术，而动车组等有关设备国产化程度可以达到 70%～75%。因为走了部分专家，第三个议题就没有展开讨论和投票表决，会议于 9 月 5 日提前结束了。

2003 年 11 月中国国际工程咨询公司将"论证报告"上报国家发改委。报告明确，京沪线能力长期紧张、全线紧张，需要建设京沪高速铁路；京沪高速铁路应采用轮轨技术系统，通过引进消化吸收核心技术，有条件按 300～350 千米/小时高标准、高起点开工建设京沪高速轮轨铁路。轮轨技术是现阶段满足京沪通道需求的必然选择。"论证报告"对磁悬浮技术也提了建议，希望在上海浦东线基础上进一步试验，消化、吸收、积累经验，选择适当距离（如 200 千米左右）进行工程预可行性研究和可行性研究，为建设中距离线路做准备。这是中国国际工程咨询公司主持的第二次论证，也应是京沪高速铁路技术制式的第三次论证。

国际咨询和设计的进一步优化

到此，应该说京沪高速铁路要不要修的意见完全统一了，采用什么技术问题也基本解决了。铁道部高速办和设计院的同志，继续加强前期工作，一切为京沪高速铁路随时开工做好准备。

在 2003 年五六月份，鉴于刚发布的《京沪高速铁路设计暂行规定》（以下简称《设计暂行规定》），还没有工程实践，高速办研究，可否请国外专家进行咨询，进一步借鉴国外经验，完善暂行规定。这个意见得到部领导的支持，所以 6 月份即商请德国、日本和法国高速铁路公司的专家分别针对我们的《设计暂行规定》进行了咨询。历时 3 个月，3 国的高速铁路专家根据他们的情况对《设计暂行规定》各自谈了具体意见。但总体承认我们的暂行规定是先进的，也是可行的，只是对规定细节提出了建议和意见。比如说：隧道断面大小问题，有的国外公司认为双线 100 平方米偏小；对路基基底处理也提出新的要求等。虽然有的并不太符合我们的国情，但也开阔了我们的思路。中铁三、四设计院的设计人员一起参加了咨询的互动过程，我们按咨询意见对《设计暂行规定》和初设文件做了完善和修改。

在总结《设计暂行规定》咨询的基础上，从 2003 年 10 月开始，我们又通过招标，选择法国公司对沪宁段的初设文件、选择日本公司对全线 6 个重点桥梁和部分路基的初设文件就设计方案、关键技术进行咨询审查，一直到 2004 年 4 月结束。

2004 年 4 月，国务院批准了《中长期铁路网规划》，规划明确提出了以"四纵""四横"为重点，构建快速客运网的主要骨架，形成快速、便捷、大能力的高速铁路网。"四纵"中第一条就是北京至上海的高速铁路。高速办的同志非常高兴，规划明确了，开工建设也就指日可待了！大家曾开玩笑说，京沪高速铁路做了那么多年的工作，盼着猴年马月能开工建设，看来总算盼到了！因为2004年是农历的猴年，一查历书，6月18日到7月16日是农历五月，也就是马月，猴年马月都到了，看来要开工了吧？！但是过了7月、8月一直到9月、10月还是没有批准立项。既然如此，10月份我们决定对北京至南京段工程的初步设计也进行国际咨询，从2004年的12月至2005年7月，高速办倾全部力量参加，分别邀请了德国专家重点对站前工程、法国专家重点对四电工程进行咨询，并请设计院各专业的设计人员一起参加咨询互动。最后又请德国专家就专业接口问题提出意见。

这3次，历时2年的国际咨询活动，对我们的设计标准、设计规定、设计依据都与国际标准做了对接，大大提高和丰富了我们的设计理念。通过修改、完善相关规定，京沪高速铁路的技术标准、设计文件更科学、更先进。现在回忆，中国高速铁路能够一步跨入世界先进行列，一方面与我们的技术人员前期的辛勤工作是分不开的；另一方面与我们充分吸收借鉴国际经验也有很大的关系。

2003年9月，我先与总工程师何华武同志会同第三设计院的专业人员考察了北京南至大羊坊段的情况；后又和部工程设计鉴定中心主任郑健同志会同第三设计院的专业人员，现场考察了北京大羊坊到天津西站间的线路走向和重点桥梁位置。当时北京市规划部门的同志要求把京沪高速铁路的起点放在垡头，就是原北京化工厂那地方，我也去看了，我给北京市规划部门的同志讲，我说人家进京的目的是到市里来，你把他们安排在北京市郊下车，从表面上看市内的交通压力好像减少了，实际上却增大了。客人来了以后，郊外不是他的目的地，他必须进市内，进市内就要换乘其他交通工具，那不如让铁路一条线送过来减少市区交通压力。市规划部门认为，北京南站位于二环与三环之间，而市区的车辆那时已经快到 300 万辆，高铁的始发终到放在北京南站，二、三环将不堪重负，城里将更加拥堵。我曾到市规划委员会，向当时的规委主任陈述，北京南站就是高铁预留站，只要把地铁 4 号线、14 号线修起来，旅客的疏解是可以解决的。

当时北京奥运会的筹备工作在紧张进行，奥运工程也在紧锣密鼓地推进，奥运会水上项目要在天津、秦皇岛举行。铁道部就抓住这个时机，借此通过向北京、天津市领导汇报工作，大家一致同意，建设京津城际客运专线，保证在奥运会开幕前通车。

京津城际怎么走？本来京沪高速铁路是由北京站还是北京南站作为始发站进行过比选；京津段的线位也有在既有线北侧和南侧的方案比较，并且是以既有线北侧为主，在地质勘测、征地拆迁、桥梁设计等方面都已做了大量工作，为开工建设做了充分准备。所以经研究，京津城际借用京沪高速铁路京津段线位，这是保证京津城际尽早开工的最佳选择。

2005 年国家发改委批准了京津城际的可研报告。在当时北京市委书记刘淇同志的关心协调下，京沪高速铁路和京津城际共同的起点同意放在了北京南站。

京津城际铁路占用了京沪高速铁路京津段的线位，使用了京沪高速铁路的设计资料，包括路基、桥梁，都按照《京沪高速铁路设计暂行规定》进行设计，按京沪高速铁路标准修建。

修京津城际就得改造北京南站，所以 2006 年 1 月京津城际开工后，2006 年 5 月北京南站正式封站改造。

改造北京南站当时有 2 个问题要解决：一个是北京南站是老火车站，要全部拆除，但要保证既有线畅通，到发列车都要改在北京站；另一个是北京南站旁边有一个浙江村，实际上是外来人员在高铁站预留的地方建的棚户区，需要全部清理掉。这些在铁路局和地方的支持下都解决了。2008 年 8 月，北京南站改造完成了。北京南站的工程造价，所花的钱都算到了京沪高铁的总投资里，共花了 73.6 亿元。

高速办在京沪高速铁路不能批准立项的情况下，除组织初步设计中的国际咨询外，还组织设计院加深地质工作，在全路是第一次聘请地质钻探工作的监理，审查地质资料，并做了地质补勘工作。整个京沪高速铁路的前期工作一直在动态完善之中，尤其是全线站位、线位一直在不断优化之中。

京津城际从北京南站车站引出，京沪高速铁路就改从北京南站西端引出，出南站与京九铁路西黄段并行，在黄村跨京九和京山线后，在京沪既有线南侧与其并行，过廊坊、落垡，在武清境内折向天津华苑，不进天津西站。为此，我们曾对线路在黄村水厂的方案进行了多次比较、优化；对京沪高铁走廊坊市内，与既有线并行，在既有廊坊站斜对面设高速站与廊坊市领导反复协商；在天津市境内如何跨永定河做了多方案比较，对在落垡还是过了落垡跨永定河及在华苑设站还是在张家窝设站，与天津市领导进行过多轮协商，最后由华苑改在张家窝，设天津南站。

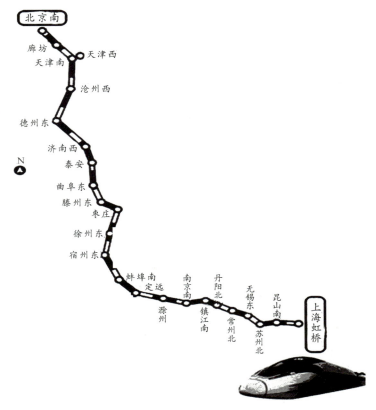

京沪高速铁路站点示意图

　　在山东境内，德州东、济南西、泰安、曲阜的设站方案都得到了省政府和当地市县领导的支持。在徐州，高铁站的设站既要考虑与市政配合，还要考虑与徐兰高铁引入的衔接。原方案在距市中心较近的潘塘设高铁站，市政府坚持移至东边距徐州老站 7 千米一处废弃的采石场和石灰窑群处。我与高速办、设计院的同志实地考察，确实此处交通不便，工程量较大，但地质条件好，干扰少，地方政府又做出拆迁征地方面的承诺，我们就让设计院按地方意见优化了线位和站位。

　　京沪高铁在安徽境内出了蚌埠就进入凤阳县，原来线路方案是从明皇陵旁边通过。那天我们沿线考察时到那里已是傍晚，凤阳县领导听说后特意赶到现场，见到我和设计院的同志，提出高速铁路绕开明皇陵的要求。我们认真听取了他的意见，又与设计院的同志在现场做了进一步的考察，尽管需要增加投资，但还是请设计院做了绕线的方案设计。

　　南京南高铁站的选址更是各种因素综合比较、反复权衡优化的结果。南京市非常明确地提出，希望火车站能够带动南京南部地区的发展，建议高速站设在雨花区的黄金山。当时黄金山是公墓群所在地。我去考察过2次，见到那里是大片的墓地，据当地老百姓讲有4万多穴（实际上迁移时是5万多）坟墓。这里是城乡接合部，它位于南京市的雨花区与江宁县的交界处，所以这个地方相对杂乱些。但是南京市就是要借助于京沪高速铁路，建设一个新的南京市交通枢纽、新的城区。当时我就给他们提出来，迁祖坟是老百姓最忌讳的事，拆迁的问题可有难度。市领导讲由他们来做群众的工作。在这一点上南京市做得是很不错的，整个拆迁，用了不到一年时间就解决了。我看了以后很受感动，一是政府的决心，二是老百姓的支持。中国老百姓是非常讲道理的，否则的话就不会是这样的结果，市里确实做了大量的工作，所以我们不能不配合地方来做好工作。随着南站站位的确定，南京大胜关长江大桥南岸引入南站的线路曲线经现场反复比选也得到了改善。

　　江苏境内的苏州高铁站的设置有与老站并设、蠡河北岸（离老站5千米）、相城区北（距老站10多千米）3个方案。经我们实地考察又充分听取市、省领导意见后选在了相城北设站的方案。还有上海高速站的选址，也是充分尊重地方政府意见，结合城市发展规划，从七宝退到虹桥，与机场、磁悬浮车站及城市公交、地铁结合而确定的。

可以说，整个京沪高速铁路，文物的保护、线位的优化、站址的选择与优化、地质工作加深等，一直没停，始终在努力地进行着。

2004年国务院批准的《中长期铁路网规划》中，"四横四纵"高速铁路网骨架中的石太、武广和郑西客运专线，从2005年6月开始相继开工。无论是京津城际，还是石太、郑西和武广客运专线的设计都是按《京沪高速铁路的设计暂行规定》进行的。这都是高速铁路前期科研成果、《京沪高速铁路设计暂行规定》的应用和检验。

其实任何事情都具有双重性，一方面，京沪高速铁路迟迟不予立项，确实使我们这些从事这项工作的同志的思想情绪受到一定影响。同时，随着时间的后推，由于征地拆迁费用和物价的变化，工程造价也在提高。如果在2000年前后开工，当时上报的概算全线也就是1000多亿元，当然提前建成，效益也能提前发挥。另一方面，由于技术制式的论证，时间推迟了，与其相比较的东西多了，也促进了我们对前期工作的深化。比如，京沪高速铁路速度目标值，2002年前是按照高速列车300千米/小时、基础设施预留350千米/小时设计的，2002年国外已有设计330千米/小时的案例，我们要建世界一流，京沪高速铁路就必须按350千米/小时设计；再比如，高速铁路与既有线的关系、与地方市政规划的关系，随着2002年后城镇化的加快，京沪高速铁路的线路走向、站位选址、道路立交等都更充分考虑了地方要求，大大提高了桥梁比例。也由于《设计暂行规定》在其他线上的应用检验，京沪高速铁路技术更加成熟，尤其是线下工程，是百年大计工程，是建成后不能移动和不易改变的工程，使工程实践京沪高铁的线下工程标准得到进一步的优化和提高。京沪高速铁路地处祖国东部经济发达地区，地形不太复杂，所以在曲线半径和坡度的选择上，我们有条件、有时间多方案比选，都得到最大限度的优化，线路更顺畅，列车运行更平稳。这样的例子还有很多。

控制性工程——南京大胜关大桥提前开工

一条铁路线的建设工期取决于它的重点难点工程，京沪高速铁路的总工期也是如此。我们在研究全线的指导性施工组织方案时，全线的控制工程就是南京大胜关长江大桥，其工期至少需要 5 年，那么它也决定了全线的总工期至少需要 5 年。要想尽早建成京沪高速铁路，必须首先开工建设南京大胜关大桥。

在京沪高速铁路的建设工期安排中，我与时任部长还有过一番争论。那是 2003 年 5 月的一天，他把我找到他的办公室，问我："京沪高速铁路几年能建成？"我说得 5 年。他问："为什么？"我就讲，"长江大桥是控制工程，没有 2 个枯水期水中墩建不起来。完了以后有架梁的问题。除了架梁还有铺轨，还有电气化，还有一个动车试验的问题"。我说 5 年都非常紧张。他很惊讶，说："咱们 20 世纪 50 年代修武汉长江大桥用了不到 3 年，现在科技那么发达，南京大桥怎么用那么长时间？"我说:"武汉长江大桥与南京大胜关大桥不是一个档次。其速度目标值不一样,技术含量不一样,跨度更是差很多。武汉长江大桥用了多少钢?南京大胜关大桥要用多少钢?"①我还讲那时候全民修铁路,可以搞人海战术。我说:"京沪高速铁路不一样,这个桥技术含量高,桥梁跨度大,质量要求高!"时间太短不行,必须按合理工期组织施工。他将信将疑,不同意我的说法。

过了 2 天他把大桥局的局长找来了。他问大桥局局长修南京大胜关大桥需要几年。谈完以后就把我叫了去,说:"我找大桥局了,4 年就行。"我说:"那是不可能的,是通不了车的。"他让我问大桥局局长。我出来就找大桥局局长,局长说:"我跟部长说得很清楚,桥梁 4 年建成。不包括后面的铺轨、电气化工程、调试等,都不包括。"我听了后,真的是气不打一处来,大桥建成不铺轨不调试建成大桥有什么用?回来我就又去找部长。我说:"大桥局说的是大桥建成时间,不是开通时间。"因为有水中墩施工问题,水中墩的施工必须在枯水期,才能够下围堰,正在涨水的时候下围堰很危险。而且南京段要保证通航,水中墩一起施工封了航道,航道管理部门也不同意啊。南京大胜关长江大桥主墩都在主航道上,那就必须分 2 次来封江,这样就得 2 个枯水期,就得 2 年。然后钢梁的拼装也需要时间,所以南京大胜关长江大桥我们当时算了,仅建造就不少于 4 年,要再加上铺轨、电气化施工和工程调试,还得增加 1 年,非得要 5 年。他这才不说话,算默认了我的意见。

---

① 武汉长江大桥全长 1670 m,其中正桥 1156 m。大胜关铁路大桥全长 9273 m,跨水面正桥长 1615 m。大胜关大桥用钢量是武汉长江大桥的 4 倍。

蔡庆华（左一）与江苏省委书记梁保华在长江大胜关大桥的合影
（图片由本人提供）

2005 年全线还开不了工。我与高速办同志商量，要争取南京大胜关大桥提前开工。我向部里汇报："京沪高速铁路到现在没有立项，那就争取南京长江大桥提前开工。"铁道部各位领导也认为意见正确，就给发改委写了单独立项报告。尽管京沪高速铁路还没有立项，但沪汉蓉快速铁路合肥至南京段、合肥至武汉段已于 2005 年 7 月、10 月相继开工建设，南京大胜关长江大桥是共用桥梁，建设京沪高速铁路是大势所趋，南京大胜关大桥就尽可能早开工。所以 2005 年 12 月国家发改委批准立项，2006 年 6 月发改委批复了可行性研究报告，明确在南京大胜关处新建四线长江大桥，两线为京沪高速线，另两线为沪汉蓉快速客线过江通路，同时预留城市轻轨过江条件。还规定工期 5 年。7 月份大胜关长江大桥正式开工。那是什么概念？比我们全线开工提前了一年半的时间，为保证整个京沪高速铁路的尽早开通运营准备了条件。

2005 年 12 月，高速公司筹备组与高速办合并，成立京沪铁路客运专线公司筹备组，我任组长，经部党组批准把李志义同志从三局调来，当筹备组副组长。李志义同志从基层工作做起，既懂业务，又有管理经验，年富力强。当时，中国铁路工程总公司把他从工程局长刚改任书记不久。

蔡庆华（左二）与架梁队员交谈（图片由本人提供）

实际上 2005 年年底大桥立项，我们就开始做大桥开工前的准备工作了。因为大桥的征地拆迁主要是在两岸，工作量也不大；桥位附近，地方当年建电厂时有临时房屋没拆，租下来或买下来都行。当时最主要的问题是，大桥由谁来施工，需要招标。但在 2005 年年底还未批大桥的可行性研究报告，招标没有依据。为争取时间，缩短工期，经公司筹备组研究，决定让中铁大桥局先做现场准备。大桥局派了二处、四处 2 个处分别在南岸、北岸做临时工程准备。我们之所以选择大桥局，主要是基于中华人民共和国成立以来长江和黄河上的铁路桥都是大桥设计院设计的、大桥工程局的队伍施工的。没有金刚钻揽不了瓷器活,他们有大型起吊设备、水上混凝土拌合设备、大扭矩钻机和浮吊等，还有一大批有经验的桥梁施工技术人员。等到发改委对南京大胜关大桥可研报告一批，公司筹备组立即组织招标，那也是非它莫属。曾经有人追究为什么不招标就让大桥局做施工准备，我就明确指出，选择施工单位重要的是看它的资质和业绩，长江上已有的铁路桥有几家施工单位参加建设？只有中铁大桥局干过。还有一个考核标准，就是到最后工程完工，是否按期完成任务，工程质量是否合格，投资超没超概算。大桥局承担了这项巨大工程后，不仅按施工工期做完了工程，而且还节省了投资，分部分项和整体工程 100% 合格。质量良好，没有超概算，工程按标准完成了。这说明我们对施工队伍的选择没有错。

大胜关大桥开工（图片来源于《人民铁道》）

大胜关长江大桥于 2006 年 5 月份开始试钻。当时我在现场，水中墩第一根桩灌注时溅了我一身水泥浆。京沪高铁重点工程开工时我都要亲自到现场检查。

在建中的南京大胜关大桥（图片来源于《人民铁道》）

我们是 2005 年申请将南京大胜关大桥作为一个独立工程单独立项的。2006 年 2 月 22 日，国务院第一百二十六次常务会批准京沪高铁全线立项。2006 年的 6 月，国家发改委批准了南京大胜关大桥可行性研究报告，7 月大桥全面开工。因为前期工作准备比较充分，2006 年、2007 年，大桥局用一年半的时间，把 3 个水中主墩就做下来了。2007 年 8 月，国务院原则同意京沪高速铁路可行性研究报告，10 月，国务院办公厅发文成立京沪高速铁路建设领导小组，曾培炎同志担任组长，16 个国家部委和沿线 7 省市为成员单位。12 月 10 日，曾培炎同志主持召开了第一次领导小组会议。2008 年 1 月初我们完成京沪高速铁路土建工程招标，1 月中旬国务院同意京沪高铁开工。春节前施工队伍跑步进场，全线重点工程陆续开工。

2008 年 4 月 18 日在北京大兴举行全线开工典礼，温家宝同志、张德江同志和领导小组成员单位出席典礼。温家宝同志亲自为京沪高速铁路股份有限公司揭牌，并为京沪高速铁路奠基。

现场办公研究施工组织设计（右三为蔡庆华，丁万斌摄）

这样，这条起自北京南，途径北京、天津市，河北、山东、安徽、江苏省，上海市，终到上海虹桥站，全长 1318 千米、世界上设计标准最高、一次开工线路最长的高速铁路，经过长期的准备后，终于全线全面开工建设了！

公司的组建和项目融资

中国铁路原本的投资方只有国家和地方。1991 年 3 月 1 日起，经国务院批准，正式征收铁路建设基金。从此，铁路建设有了稳定的部分建设资金来源。1992 年开始,允许中央和地方合资修建铁路。1993 年 12 月 29 日,第八届全国人大常委会第五次会议通过了《中华人民共和国公司法》,明确了公司组建可以实行股份制。这也为后来京沪高速铁路公司以股份制的形式组建提供了依据。

京沪高速铁路的投资巨大。1993 年 4 月,"四委一部"的"京沪高速铁路重大技术经济问题前期研究"课题组,曾研究了京沪高速铁路的资金解决之道,并提出了 3 种筹资方式:以国内资本为主的多渠道筹资方式、多元化开发经营的股份制筹资方式、大规模直接利用外资的股份制筹资方式。在这年 12 月铁道部第一次上报的《京沪高速铁路项目建议书》中,提出资金募集的 3 个方案:方案一,成立京沪高速铁路公司,以国家铁路部门资金为主,多渠道集资;方案二,组建京沪高速铁路股份有限公司,实行多元化经营、开发增资;方案三,大规模吸引外资,组建中外合资股份有限公司。

1997 年 3 月铁道部上报的《新建北京至上海高速铁路项目建议书》提出资金筹措原则:立足国内,利用外资;以股份筹资为主,债务筹资为辅;在股份筹资中,以公有股份为主,其他股份为辅;铁路建设与多种形式的经营开发并行,以铁路建设基金为主,多渠道筹措股份资金。

自 1998 年起,国务院批准铁道部在全国范围内发行"中国铁路建设债券",这属于企业债券,铁路建设资金又有了新的来源。

不论是 2003 年 5 月铁道部成立京沪高速铁路公司筹备组,还是 2005 年 12 月铁道部把公司筹备组与高速办合并组建京沪铁路客运专线公司筹备组,我们坚持在做好前期工作的前提下，配合部相关部门做好与沿线省市和社会出资者的对接，协商合资公司的组建和融资工作。铁道部在前期工作中借用地方的积极性，就沿线征地拆迁问题分别与各省市会商签订共建协议，提出由地方政府负责征地拆迁工作，所发生的费用作为地方入股的资本金。同时，我们还积极寻求社会资金——战略投资者投资京沪高速铁路。我就曾与时任全国社会保障基金理事会理事长、财政部原部长项怀诚同志做过几次商讨工作，希望社保基金会出资京沪高速铁路建设。

由于京沪高速铁路线路方案的优化，再加上物价上涨、贷款利息、征地拆迁费增加和要求公司购买动车组等，2006 年 2 月，国务院批准京沪高速铁路工程项目建议书，投资预估算为 1680 亿元，其中工程投资 1418 亿元，动车组购置费 262 亿元。要求组建京沪高速铁路有限责任公司，专门负责项目的建设和运营；积极探索市场化融资方式，吸纳民间资本、法人资本及国外投资，构建多元投资主体，拓展多种投资渠道。根据《国务院关于投资体制改革的决定》精神，2006 年 3 月铁道部发文，授权中国铁路建设投资公司为京沪高速铁路项目的铁路出资者代表。公司筹备组经铁道部批准聘请了财务顾问，与中铁投、部财务司一起对战略投资者进行筛选，与保监会牵头的多家保险财产管理公司进行沟通洽谈，与全国社保基金理事会签订了《股权投资意向书》。这中间，还与印尼的泛印集团进行过接触。经过一年多的深入工作，以平安保险牵头的 6 家保险公司组建的平安资产管理有限责任公司同意出资 160 亿元、全国社保基金理事会同意出资 100 亿元入股京沪高速铁路。公司组建所需资本金除各省市的征地拆迁费用作为入股资金、2 大社会投资者计 260 亿元的现金股份外，剩余所需资本金由铁道部承担。

当时铁道部每年有 600 多亿的铁路建设基金，高铁 5 年建设，一年才需要 100 来亿，所以铁道部承担的资本金是可以保障的。

2007 年 8 月 29 日，国务院常务会议原则同意京沪高速铁路可行性研究报告。9 月，国家发改委《印发国家发展改革委员会关于审批新建京沪高速铁路可行性研究报告的请示的通知》，批复京沪高速铁路总投资 2209.4 亿元，扣除单独立项、已开工的北京南站改扩建工程、南京南站及大胜关长江大桥工程，本项目投资 1982.9 亿元（其中动车购置费 392 亿元）。要求项目资本金按投资的 50% 考虑，沿线地方政府承担本省（市）境内征地拆迁相关费用 230.2 亿元（暂定，实际发生数额经出资各方认可后作为资本金入股），其余资本金暂由铁路建设基金安排；资本金以外的资金，使用中国工商银行、国家开发银行、中国建设银行、中国银行等贷款。对资本金以外的债务融资部分，中国工商银行、国家开发银行、中国建设银行、中国农业银行都做出了积极承诺。到京沪高速铁路正式开工时，各大银行对公司的贷款承诺已经达 2600 多亿元，完全满足了我们的贷款需要。

京沪高铁的建设总投资高达 2000 多亿元，我们贯彻了"政府主导、多元化投资、市场化运作"的指导方针。根据《公司法》《合同法》以及铁道部与沿线 7 省市人民政府签订的《座谈纪要》精神，于 2007 年 12 月 27 号，由沿线省市发改委和铁道部发展计划司、平安资产、社保基金理事会负责人参加，召开了京沪高速铁路股份有限公司发起人大会，签订了发起人协议，明确了各出资方的出资比例及权利、义务、责任，审议了公司章程草案和董事会、监事会的组成方案。随后就召开了由沿线 7 省市及南京市政府的出资者代表和平安资产、社保基金、中铁投等 11 家股东推荐的董事组成的京沪高速铁路股份有限公司第一届董事会的第一次会议。会议选举我为董事长，平安资产代表万放为副董事长，李志义为副董事长、总经理；监事会选举全国社保基金理事会副理事长刘雅芝为主席。公司注册资本 1150 亿元，其中，中国铁路建设投资公司出资 647.07 亿元，占 56.267%；平安资产管理有限责任公司出资 160 亿元，占 13.913%；全国社保基金理事会出资 100 亿元，占 8.696%；其余由沿线 7 省市以土地和房屋拆迁费用作价入股，占资本金的 21% 左右。章程明确货币资金出资者一次性认购分期缴纳；地方政府出资人代表按照工程进度，保证工程建设用地需要。公司于 2008 年 1 月 9 日在国家工商总局支持下正式注册。

京沪高速铁路股份有限公司是典型的合资公司，既有社会资金入股，更有沿线地方省市的出资者代表以所发生的征地拆迁补偿费用作为它的入股资金。2 年以后，也就是 2010 年年底，应中银集团投资有限公司的邀约，经公司董事会研究同意，并经商务部批准，由中国铁路投资公司向其转让了 60 亿元的股份，京沪公司的股东增加到 12 家。因为中银集团投资公司是在香港注册的，算是有境外资金参股，所以需报商务部审批，并在商务部办了注册登记。

股东的投资何时可以收回？当时根据运量预测、按设计方案计算，京沪高速铁路财务内部收益率达到 7.4%，盈利能力较强。该项目经济效益收益率为 14.4%，经济效益合理可行。在项目上报前中咨公司曾经做过认真评估，综合考虑票价、客流等关键因素，效益是良好的。根据原有计算，京沪高铁在 14 年左右就可以还完本息。京沪高铁票价，专家预测在 600 元至 800 元之间，但 5 年后国民经济会有很大发展变化，在老百姓能够承受的范围内，票价可能会有所提高，回收期会更短，效益会更好。因此，股东的投资回报是有保障的。后来京沪高速铁路开通运营到第三年就开始盈利，就充分证明当初的预计是完全正确的。

对资金的使用，我们有个明确要求：依法合规，不断优化，确保工程建设需要。根据施工、监理合同规定，我们又选择了工商银行作为建设资金监管银行，三方签署了《京沪高速铁路建设资金监管协议》，通过网上银行对施工、监理单位的资金流向进行监管，确保建设资金用于京沪高速铁路工程；同时要求各施工单位开立农民工工资保证金专户，采取切实措施保障了农民工工资的支付。除此之外，投资者对自己的资金如何使用、花在哪里监管得也十分认真。比如原劳动保障部副部长、全国社会保障基金会副主席、公司监事会主席刘雅芝同志，曾经 2 次到京沪高速铁路施工现场进行考察。审计部门也对工程建设的全过程进行跟踪审计。为了做到心中有数，我自己也有一个笔记本，从京沪高速铁路科研批复就开始记录各种设计资料、物价变化等基础数据，不时进行对比分析。征地拆迁历来是基础设施建设的一大难点，一是费用的确定，二是实施的过程。京沪高速铁路的征地拆迁在共建协议中虽然明确由地方负责，所发生费用作为地方入股资金，但在开始时就出现了插曲。在国务院京沪高速铁路建设领导小组第一次会议上，有的省市就提出，征地拆迁的组织实施是建设单位的事，应由京沪公司负责，他们只负责征拆的费用，要求土地、房屋按相关政策评估后，把拆迁费用拨付给公司，由公司组织具体征地拆迁工作。这话看似有理，实际上是责任的转嫁。

京沪高铁项目建设征地 6 万多亩（1 亩 ≈ 666.67 平方米），

拆迁房屋 700 多万平方米。要在这样一个人口密集、经济繁荣的区域内实施征地拆迁工作，复杂难度不言而喻！若处理不好，不但影响工程进度，而且还有费用增加的风险。根据有关线路征拆的教训和历史上的经验，我坚持"公司只要地，不要钱"。这个教训就是京津城际的征地拆迁费用的增加，地方按评估的总费用按时打到了京津城际公司的账户上，但是待城际公司办理征地拆迁工作时冒出来不少评估中没有的东西，有的费用也比评估时上涨了，这样地方打过来的征地拆迁费用严重不足。反过来，地方出资者说，我的入股资金已经给你了，办不下来公司借钱去。工程还未开工，公司就要先贷款征地拆迁，无形中增加了公司的负债。这个经验就是借鉴农村成立初级合作社的做法，谁家的土地、谁家的农具、谁家的牲畜等，经过评估作价，然后合在一起，这个评价费用就是各家的股份，合作社没有现金给农民。

京沪高铁，地方以土地费用、拆迁费用入股作为资本金，各家是公司的股东，而公司的所有工作人员是股东招聘的打工仔，不能让这些打工仔用股东的钱再去购买股东的地，更不能还未开工就要我们先贷款买股东的地吧！所以，我在多个场合，无论是下边与各地的协商中，还是在领导小组第一次会议上，或是公司董事会、股东会会议上都多次重申"公司只要地，不要钱"，地方出资者按工程施工需要及时提供建设用地。这个观点首先得到了国务院建设领导小组组长、时任副总理曾培炎同志，领导小组副组长、国家发改委时任主任张平同志的认可和支持。这就避免了公司不应承担的责任，同时也避免了公司负债的增加。在具体工作中，我们公司董事会又通过决议，聘请了一家会计师事务所，对所有股东的征地和拆迁费用进行审计，

符合政策规定的算股份，不符合政策规定的还不能算股份。京
沪高速铁路由地方负责并按工程进展完成征地拆迁，明确了责
任，节约了时间，保证了工程建设的需要，也让京沪高速铁路
公司能集中精力从事工程建设管理工作。

走技术创新之路

京沪高速铁路是世界上一次建成线路最长、标准最高、设
计速度最快的高速铁路之一。为了确保建成世界一流的高速铁
路，我们认定，采用的技术必须是最先进、最成熟的，工程质
量必须是最可靠的。从上到下，从设计到施工，京沪高速铁路
的所有建设者都贡献了自己的智慧和力量，技术上我们就走出
了一条自己的道路。

高速铁路技术是一个庞大的系统工程，涵盖土建工程、牵
引供电、通信信号、电动车组制造、信息化等系统。

1997 年 5 月 21 日，蔡庆华（右二）到日本考察手岩山隧道
（图片由本人提供）

在京沪高速铁路的前期工作中，通过派员到国外考察和研修，开阔了我们的视野；通过交流活动和开展咨询，增长了我们的见识；通过铁道部前期 40 多项科研立项，为形成京沪高速铁路的技术方案奠定了基础，培养了人才；通过广深准高速的改造工程，全路 6 次提速工程和秦沈客运专线工程实践，使我们积累了经验。通过这一系列的工作，形成了我们自己的技术标准和设计规定。京沪高速铁路从 1990 年提出到 2008 年开工建设，历时 18 年的前期工作，不但解决了要不要修、用什么技术修的问题，统一了认识，而且对于京沪高速铁路技术路线的确定、技术标准的完善、技术体系的形成和怎么建设京沪高速铁路都起到了重要作用。

综合我们对国外高速铁路的考察和研究，尤其是通过国际咨询，我们看到日、德、法 3 国在高铁建设上虽然世界领先，但他们的技术标准和制式各不相同。比如 3 国的线间距、平纵断面的选择标准不同。轨道结构，法国是有砟轨道，日、德虽多是无砟轨道，但无砟型式和铺设条件也是不同的。在牵引供电、接触网悬挂、牵引变压器的接线形式等方面，3 国各有其特点。在列车控制系统方面，3 国各不相同：日本新干线列车采用基于有绝缘轨道电路的 ATC 系统，信息均由车上存储与地面传输相结合；法国高速列车采用基于无绝缘轨道电路 U/T 系列的列车控制系统，信息均由轨道电路传输；德国高速列车采用以轨道电缆（LZB 系统）作为地面控制中心与机车之间的信息传输通道，信息由轨道电缆传输。在动车组方面，日本采用独立式动力分散型动车组；法国采用铰接式动力集中型动车组；德国兼有动力分散和动力集中两种型式动车组，但其发展方向是动力分散型等。分析比较后，我们一致认为，没有一个国家的技术标准能够原样照抄，而且随着高速铁路技术的发展，不同标准、不同制式、不同国家技术的优缺点也更加明朗。我们作为后来者，要建世界一流的京沪高速铁路，决不能照抄、照搬任何一国的模式，必须从中国国情出发，博采众长，系统集成走出自己的高铁发展道路，制定出自己的技术路线、技术标准，形成自己的技术体系。

经过高速办和筹备组同志的努力，在系统总结我们学习、考察、科研成果的基础上，借鉴别人的经验教训，在 2005 年就编写了京沪高速铁路的技术体系一书。在书中对京沪高速铁路技术体系的 6 大系统 3 个层次做了比较详细的介绍，对结构形式、主要技术指标和参数都提出了明确要求。随着京沪高速铁路建设展开，京沪高速铁路技术体系确定的标准制式，指标参数得到进一步的应用和验证，同时也进一步丰富和完善了技术体系的内容。

京沪高速铁路的技术创新成果也最显著。大家认定：只要埋头苦干，扎扎实实地做成每一件事，就能建成一流的京沪高速铁路，就能创造出中国的高速铁路标准体系。

在京沪高铁的土建工程中，首先是路基工程。京沪高速铁路路基正线地段长 240 多千米，占线路长度的 18.4%。采用无砟轨道，沉降控制要求高，工后沉降要求小于 15 mm，这也是轨道扣件允许的调高量。京沪高速铁路沿线不良地质分布广泛，北京至德州主要为冲积和洪冲积层，松软土覆盖层厚，地下 100 米以内都见不到石头；南端丹阳至上海，地处长江三角洲，多为淤泥层，路基的沉降控制难度很大。而且这两段缺少可利用优质填料，这也成为影响路基工程质量的关键问题。为了控制沉降，我们对地基处理和加固做了大量工作，采用多种方法进行对比分析；在路基的填料选择和填筑工艺上也做了不少工程实验。我们对软土和松软土地质上的路基工程，借用了软土地基上盖高层建筑的处理方法，使用了 CFG 桩进行加固。我们曾在秦沈客运专线上对地基加固试验了 6 种方法，这是其中之一，还有换填、沙袋桩、碎石桩、插塑板等。

在京沪高速铁路建设一线检查指导工作（左一为蔡庆华，丁万斌摄）

高层房屋是静止的刚体，CFG 桩是用水泥、粉煤灰、炉渣按一定比例搅拌后灌注的桩基，也是刚性的，用 CFG 基桩来解决软土地基上高层建筑的沉降问题是成功的范例。而铁路要解决的是路基的沉降，路基好比是一个放置在地基的弹性梁。CFG 桩是刚性桩，路基是有弹性的，所以要进行实验，使它们匹配。对桩头的处理，垫层的处理，要有一套技术措施才能使刚性桩与弹性地基梁相匹配。有的车站路基很宽，像济南西站，它就在黄河滩地上，是上百米宽的路基，正线和站线的速度等级又不一样，所以在 CFG 桩的处理上，不同等级的线路上就要用不同的桩长，这些问题我们都解决了。CFG 基桩，我认为是不错的，这个问题当时京沪公司的总工程师赵国堂同志是做出了贡献的。

路基工程还有一个问题，即填料的选择和施工方法，要保证路基本体的密实不变形。京沪沿线尤其是在黄河以北缺乏 A、B 型填料（一定级配的块石、碎石和黏土混合），需要远运。有了这种填料还要按一定的施工工艺保证分层压实，这些在秦沈客运专线的路基施工中我们都总结出来了。路基表层的 40 公分（厘米）要求更严格，必须用碎石加一定比例的水泥和石灰，通过搅拌机拌和成级配碎石，均匀填筑、压实，保证不变形、不沉降。路基从地基的处理，到本体填料选择、分层填筑压实，再到表层的填料拌合压实，一整套技术，一丝不苟按流程作业。这就是路基的施工。

京沪高铁土建工程最主要的是桥梁。京沪高速铁路正线桥梁占比达 80.5% 左右，尤其是深水大跨桥梁的建造技术，以南京大胜关长江大桥为代表。大胜关大桥是京沪高铁全线技术含量最高的控制性工程，体量大、跨度大、荷载大、速度高。南京大胜关长江大桥是世界上首座六线铁路大桥，大桥使用钢材 8.4 万吨，其中主桥钢料就达 7.8 万吨，是国家体育场"鸟巢"用钢量的 2 倍，是武汉长江大桥的 4 倍，单个桥墩的承台面积有 7 个篮球场大；大桥全长 9.273 千米，主桥为两联（84+84）米连续钢桁梁和一联（108+192+336+336+ 192+108）米的双连拱连续钢桁梁组成；主桥为 3 片主桁；桥面为钢正交异性板整体桥面，与下承板桁组成结构相连接。桥梁通航净高不低于 24 米且单孔净宽不小于 280 米，是世界上同类级别跨度最大的高速铁路大桥；大桥为六线轨道交通桥梁，主桥恒载加活载为 120 吨/米，是目前世界上设计荷载最大的高速铁路大桥；大桥京沪线设计速度为 300 千米/小时，沪汉蓉线的设计速度为 250 千米/小时，地铁速度为 80 千米/小时，三线共一桥为京沪高铁首创。在大胜关大桥施工中，应用了无导向船重锚精确定位技术，解决了超大型钢围堰在深水流急河道中定位精度控制在 50 毫米以内的难题；采用钢桁拱与墩旁托架固结、3 层水平索辅助双悬臂方法架梁，实现大跨度钢桁拱安装高精度合龙；研发了 Q420qE 新钢种，大大减轻了大桥的体量；采用 3 片主桁和正交异性板钢桥面新结构，解决了高速和地铁共 6 条铁路平行设置的问题，等等。

检查无砟轨道安装情况（左二为蔡庆华，丁万斌摄）

以镇江京杭大运河的（90+180+90）米预应力混凝土连续梁拱桥为代表，对连续梁悬臂灌注，通过精确计算和严格施工管理、新材料应用，创新了特殊结构桥梁线形控制技术、悬灌梁张拉龄期控制技术，等等。

土建工程中还有一个关键技术，即轨道板的制造及铺设。京沪高速铁路全长 1318 千米，铺设无砟轨道双线 1298.6 千米，其中 CRTS II 型板式无砟轨道双线 1256.3 千米，使用了约 40 万块轨道板。CRTS II 型无砟轨道是先将预制轨道板铺设于路基支承层或桥上底座板之上，然后把轨道板用钢筋连接起来，浇灌成一个整体，形成纵向连续无砟轨道结构。

这种无砟轨道是外国首先使用的，但是到目前为止，II 型板的原创国还只是在试验线上铺设了 30 多千米，而我们在京沪线上用了 2000 多千米；国外大部分是用在路基上，而我们大部分是用在桥梁上。不但用在桥梁上，还用在高架车站无缝道岔区的桥梁上。高架车站的道岔区结构复杂，桥是不等宽简支梁，板是连续板，上面是无缝线路，加上道岔区，这是一个复杂的构造体。在这个问题上，三院、四院、铁科院做出了贡献，建立了一个数学模型，解决了它的受力和变形问题，这是连续无砟轨道板使用的创新。在轨道板材料的选用上，我们也打破外国人只能使用超细水泥的惯例，通过研究和试验，我们就用普通硅酸盐水泥，解决了轨道板的生产用料。我们的信号传输是无绝缘轨道电路，轨道板有钢筋必须解决绝缘问题。通过我们的研究和试验，轨道板的绝缘问题也解决了。这都是我们的创新成果。这里的故事很多，证明中国人很聪明，中国人有能力，只要动脑子，我们就能走在世界前列。

还有站场综合枢纽建设。无论是虹桥站、南京南站、天津西站、济南西站和北京南站等始发终到大站，还是沿线的地市级车站，都做到了高铁与地方城市轻轨、公交的合理对接，地上地下混成一体连接起来，人性化设计，实现了最大限度地无缝衔接，零距离换乘。

检查站房修建情况（前左二为蔡庆华，图片由本人提供）

在京沪高铁的电气化工程中，我们自行研发生产了高强、高导的接触网导线和承力索，它不但保证了高导电性，还保证了导线的强度和刚度要求。我们研制了专用检测车，全线安装了接触网防冰冻装置，应用了新型接触网防雷技术。速度200千米/小时、300千米/小时、350千米/小时，其接触网的张力是不一样的。尤其是速度达到350千米/小时，既要保证动车高速运行中的供电，又要保证运行的高平稳性，承力索的张力和接触网的张力如何匹配？我们在枣庄至蚌埠先导段实施接触网张力体系匹配试验，通过实车试验最终确定了京沪高速铁路速度350千米/小时和380千米/小时接触网的张力配置。还有，原来电气化铁路外电都是110千伏，京沪高速铁路的外电在国家电网公司的支持下全部使用220千伏的高压电，并且变电所的所有高压、低压开关都具备遥控、遥信、遥测功能。

在京沪高速铁路通信信号工程中，我们将无线和有线结合，形成自己的总体结构，实现了话音、数据、图像、列控等多功能传输；建立了中国特色CTCS列控系统和具有自主知识产权的

CTCS-3 列控技术，实现了车载设备控车曲线与动车组制动参数的优良匹配，提高了列控技术在高速条件下的适应性和可靠性。

为京沪高速铁路研发的 CRH380 系列高速动车组在 9 大关键技术和 10 项辅助技术上实现了创新发展。主要是车体的轻量化、气动外形设计、密封技术、转向架动力学优化和结构强化技术、牵引驱动和控制技术、高速动车组制动技术和列车网络控制技术等。

京沪高速铁路的技术创新，重点分为 3 个方面：

在土建工程方面是我们原始创新、自主创新的成果。土建方面，无论是轨道，还是路基，特别是大桥工程，中国在历史上就是领先的。从古代说，我们的万里长城、圆明园、故宫，谁能修得了？即便现代，我们的大会堂，那是什么建筑？那才是生动地诠释了什么叫百年不朽。所谓百年不朽，第一是坚固，保证质量；第二要实用，以人为本；第三要有特色，就是有自己的民族特色，这些才是自己的。咱们京沪高速铁路的土建是我们自己原始的自主创新成果。我们的建造技术在世界上是一流的，我们的京沪高速铁路，经过实践检验，我们的建设水平、技术水平是世界一流的。

在"四电工程"（电气化、通信、信号、信息化）方面，我们是集成创新。在通信技术上，我们确实借鉴了外国的先进经验，人家不会给你核心技术，我们买了一些设备，然后自己研制，进行系统集成创新，形成了自己的体系。电气化的导线是我们自己研制的，张力配置是我们自己计算、试验的，只是恒张力架线车是买的。单相变压器是我们自己制造的，外电使用 220 千伏的高压电，这都是我们自己的制造。在信号技术方面也是如此，CTCS 系列是借鉴欧洲系统根据中国的国情创新的，是中国的信号系列。有线传输和无线传输（GSM-R）相结合，解决了速度 350 千米/小时高速列车运行控制问题。所以在"四电"方面，我们是系统集成创新。

在动车组制造方面，我们是引进消化吸收再创新，完成了 CRH380 系列高速列车的研发生产工作。国外不是不给我们核心技术吗？我们工厂坚决贯彻国家确定的"技术引进，联合设计，国内制造"方针，坚持在中国国内批量制造，逐步消化速度 200 千米/小时、250 千米/小时和 350 千米/小时动车设计制造技术，研究生产出速度 380 千米/小时的系列动车组，避免了走汽车引进道路的教训。

我们的南车、北车，现在叫中车，在这方面做出了突出的贡献。所以说，京沪高速铁路的技术是"3 个创新"的体现：土建工程是自主创新、四电工程是系统集成创新、动车组制造是引进消化吸收再创新。京沪高铁工程是典型的 3 大创新。

工程质量保证措施

京沪高速铁路在质量控制中我们有 3 句话，并且贯彻始终。第一句是"源头把关"。所有施工人员必须经过培训，考试合格，持证上岗。所有的原材料不合格的不准进来，比如说砂石料，从哪个厂子里采购的，合格与否，在运输过程中调包没调包，到京沪高速铁路工地上都要检查。我们不是没退过，检测后不合格的就退回去。南京大胜关长江大桥打桥墩混凝土的碎石，那是船上送来的，不合格就给退回去了。材料供应中有一些利益驱动，有的赖着不走，想蒙混过关，但我们坚决把住关，不行就是不行！砂子碎石我们都要经过筛分，有的还要经过清洗。在源头上把关，都有人检查，有记录，有责任者，可追溯。

第二句叫"过程控制"。把所有检查检验贯彻始终，其实就是把质量控制工作做到过程中。全线1300千米线路施工高峰期就同时有1300多个监理人员在现场，京沪公司的管理人员才50来个人，但是我们现场的监理人员通过招标聘请了1300多人。在京沪高铁的近4年的施工过程，我们先后共聘请了2367名各项监理工程师，进行现场监督。不但要求施工单位要在现场建实验室，每个监理站也要建实验室；不但要做好材料试件的留样检测，而且要做好隐蔽工程检查记录。京沪高速铁路公司管理人员虽然不多，但也不允许坐在办公室里，大家也都要到下面去，深入一线督促检查。我自己常年在工地上跑，很多地方都要去看看。有些地方太高，工作人员念我年龄大，不让我上去，可我总不放心。

察看京沪高速铁路工地施工情况（丁万斌摄）

记得2010年6月6日，卢春房同志和我一起去检查中国铁建所承建的京沪高铁一标工地。在跨京开（北京—开封）高速公路钢箱拱桥下，我就卷裤角、戴手套准备登桥。这个桥的桥墩高

16 米，从地面到达梁部顶端，至少有 50 米，且到达梁部顶端的扶梯有几处几乎是直上直下的状态。见我要往上爬，十七局集团副总经理、京沪高铁一标指挥长赶紧拉住我说："此处登桥不便，您就不用上去了。"我不同意，说："不上桥去看个究竟，对安全和质量我不放心啊！"卢春房对我说："我代表您检查您还不放心吗？再说上桥检查的，还有李志义同志，有工管中心的总工，有建设司的领导。您这样的年龄上桥的确不便。"我只好笑着说："那好，我就不上了，把问题找准一些。"[①] 这是我在长期工作中养成的习惯，不亲眼看看，总是不踏实。在多方的仔细监控下，京沪高速铁路的施工过程和质量完全可控。

第三句话叫"精细化管理"。所有单项工程都有作业流程，所有施工人员一定按照操作规程作业，不得简化程序，并留下文字或影像记录。

到京沪高铁检查指导工作（右一为蔡庆华，丁万斌摄）

京沪高速铁路的质量是有保证的。有的同志说你冬季施

---

① 朱海燕等：《"不留遗憾，建设世纪精品工程"——卢春房、蔡庆华检查中国铁建京沪高铁四标、三标、济南西站工地》，《中国铁道建筑报》2010 年 6 月 24 日第 1 版。

工，混凝土是不是能保证质量？这一点请他们放心，我们的混凝土都留有试件，都要经过检测。我们所有的工程，包括每一个墩，每一个台，每一根桩，都有历史资料，都建有台账，我们是终身负责制。所以关于混凝土质量的问题，我可以这样讲，100 年没有问题。京沪高速铁路上的每一片梁，哪个梁厂制造的，什么时间制造的，都有记录，谁绑扎的钢筋都有记录。

在轨道板施工车间察看轨道板试验情况（右一为蔡庆华，丁万斌摄）

京沪高速铁路，分部工程验收合格率和单位工程质量检验合格率均达到了 100%，工程初步验收为工程质量总体优良，满足列车高速运行的安全性、舒适性和耐久性要求。

京沪高铁在初期运营 1 年 8 个月后，顺利通过国家验收。验收委员会一致认为京沪高速铁路各项工程内容达到了设计要求，符合可行性研究报告等有关文件批复要求。京沪高速铁路建成运行 5 年多来，经历了暑运、春运等大客流的冲击，经受了高温、严寒、疾风暴雨等恶劣天气的检验，全线路基、桥梁、隧道等基础设施状态良好，线下工程持续稳定，列车运行平稳。每个月由铁科院组织的 2 至 3 次的动检车检查，京沪高铁基础设施的各项指标均在优良范围内。这一方面说明了京沪高速铁路的建造质量是一流的、可靠的，另一方面也证实了京沪高速铁路的建造技术是先进的、成熟的。在京沪高速列车上，香港凤凰卫视主持人吴小莉曾问我："高速列车运行是否安全？"我说，京沪高铁先导试验段 CR380 动车组运营试验时，张德江同志在上面坐着，当时时速跑到了 450 多千米。有的同志说，中央领导同志在上面坐着，你开那么快的速度不害怕嘛？不是我们要开这么快，我们原本只准备跑到 380 千米，不超过 400 千米，领导一看速度非常稳，一支立起的香烟放在那儿都不倒，就说："速度再快一些！"这样就跑到了 450 多千米。京沪高铁的质量可以保证动车的高速运行。我对吴小莉说："京沪高速铁路的工程质量是没有问题的。"

领导的重视和各级政府的支持
是建设顺利进行的保证

党中央和国务院一直高度重视京沪高速铁路的建设。除前期工作中，多次听取汇报，研究立项、可研报告外，在 2007 年 10 月国务院办公厅还专门发文成立京沪高速铁路建设领导小组，分管副总理曾培炎任组长，相关部门、沿线省市领导为小组成员。在 2007 年 12 月领导小组第一次会议上专门听取和研究了京沪高速铁路征地拆迁的问题，同意地方省市以征地拆迁费用作为资本金入股，并明确征地拆迁工作由所在地政府负责。2008 年 3 月新一届政府成立，张德江副总理接任领导小组组长。于 2009 年 4 月、2010 年 3 月、2010 年 12 月和 2011 年

6月召开了领导小组第二至五次会议，听取工程建设情况汇报，及时协调解决征地拆迁和各方面的配合问题，研究解决建设中的问题，不但为工程建设明确了目标，而且为建设顺利进行提供了保证。

国务院各部门和地方政府大力支持京沪高速铁路建设，早在开工之前的 2001 年应铁道部的申请，国家发改委和国土资源部就向沿线各省市下发了《关于预留京沪高速铁路建设用地的通知》，要求地方政府预留京沪高铁用地。2006 年 8 月份国土资源部正式发文批复全线用地预审，2007 年年底为保证重点工程首先开工，国土资源部就先批了我们 6000 多亩的用地指标，保证了我们的重点工程先期开工。在水土保持方面，2006 年水利部就批复了我们上报的全线水土保持方案。环保部及时进行环评工作，国家电网公司协调解决了高等级电力线路迁改和外部电源供电问题。沿线地方各级政府均成立支援高铁建设的办事机构，配合设计单位完成用地控制、站场选址等工作，认真落实领导小组会议要求和省部"会谈纪要"，积极组织征拆工作，落实补偿费用，按时提供了工程建设用地。这些都为工程的顺利推进创造了条件。

严格投资管理

在京沪高速铁路可研批复后，公司就确定了投资控制的目标：在确保工程质量、安全生产、建设工期的前提下，把投资（不包括征地拆迁费用）控制在国家批准的可研报告的投资估算范围内。考虑到征地拆迁的困难和农民的利益等因素，把总投资控制在不超过可行性研究报告批复投资估算的 10%。

为此，京沪高速铁路公司根据工程特点，分阶段设置投资控制目标，将投资管理贯穿于建设全过程。推行绩效管理，建立起具有京沪高速铁路特点的投资控制体系，明确各级管理的责任和措施。

业主（公司和各指挥部）必须严格按合同管理，认真做好验工计价工作，并引入第三方评价机构协助做好投资管理。根据年度计划合理安排资产筹措规模，细化预算管理，在既保证工程需要，又要减少资金在公司的沉淀的原则下，先使用资本金，后使用债务资金；能使用短期贷款的就不使用长期贷款；签订大额长期固定资金贷款合同，千方百计降低贷款利息的支出。

要求设计院努力提高设计质量，做到工程数量基本准确，概算编制依法合规。

要求施工单位认真履行投标承诺，做好质量、安全、进度管理，优化施工组织、提高劳动生产率，努力降低工程成本。

要求监理单位作为业主现场管理的代表，认真把关。及时做好图纸和施工组织审查，加强工程监督。对工程变更、设计修改认真审核分析，对工程数量、结算资料、合同外费用必须审查复核。

由于所有参建单位的共同努力，审计署连续 3 年跟踪审计监督，京沪高速铁路开通后，经概算清理、国家验收，京沪高速铁路正线工程较可行性研究报告批复投资估算额增加 183 多亿元。据统计分析比较，虽然征地拆迁和物价上涨等政策性因素增加了 282 亿元，但由于公司拓宽债务融资渠道、优化债务结构，优先使用股东资本金和铁道部的统筹债务资金，减少了贷款利息，工程投资除征地拆迁外都控制在了可行性研究批复的范围之内。

技术上的建议和意见

你们说"当时京沪高铁有几项大的技术都是您拍板的"。老实说，过奖了。京沪高速铁路的科技创新项目很多，这是广大科研人员和设计人员多年来不懈学习、研究，努力探索、试验的结果。我说过，不只京沪高速铁路，任何一项伟大工程绝非一时之功，更非一人之力。它是几代人的努力、集体的创造。京沪高铁更是如此。

对京沪高速铁路，作为一个前期工作的参与者、建设的组织者，在其设计和施工中，我提了一些建议，得到采纳，也有一些意见没有得到认可。

京沪高速铁路建设中的技术重点首先是桥梁，尤其是深水大跨度高速铁路桥梁的建造技术。在南京大胜关大桥的设计方案审查中，我提出的有关建议，设计院给予了采纳。

第一个建议是南京大胜关长江大桥采取什么桥式桥跨的问题。在 20 世纪 90 年代铁道部曾让有关设计单位对高铁过长江是隧道还是大桥都做过方案研究和比较，最后确定了在大胜关建桥的方案。我记得在 2003 年 12 月 30 号，铁道部高速办请有关专家在铁道科学研究院嘉园饭店 10 楼听取大桥设计院关于南京大胜关大桥设计方案的汇报，我们高速办的好几位同志都参加了。当时设计单位汇报 2 个方案：第一个方案是一跨过江 554 米斜拉桥，就是现在用到武广客专天星洲大桥的那个桥式；第二个方案是两跨过江，主跨 2×336 米的钢桁拱桥，设计速度 300 千米/小时。听完以后，大家都发表了意见。根据我的经验，我举了两个例子供他们研究参考。一是 1998 年我到厄勒海峡考察，就是瑞典到丹麦之间有一个厄勒海峡大桥，那是 240 米跨度斜拉桥，设计为 250 千米/小时，正在建设。据了解建完以后，设计速度 250 千米/小时没有跑到。因为不管是斜拉也好，悬索也好，桥梁的稳定性相对差一些。要跑 300 千米/小时及以上，这两种桥式在当前是不可能达到的，尤其是大胜关桥跨度超过厄勒海峡大桥。二是在我管基建时，让大桥局曾经做过一跨 360 米跨长江的钢桁拱大桥。那座桥叫万州桥，是在宜万线上。当时三峡大坝要蓄水，我到万州去，他们就告诉我蓄了水以后，桥址都淹到水里了。如果现在施工，是旱地施工，节省投资，建不建？宜万线当时还没批开工，但肯定要建，方案都已经有了。我就提出来先建桥，为长江大桥做试验。同样是钢桁拱桥，且比咱们南京长江大桥的跨度还多了 24 米，360 米。当然，万州桥是单线，不是双线，尽管还没通车，建造技术应该成熟了。我说我去过，没开工前就去过，建成后参加三峡的有关会议，我又实地考察过。我看这个桥挺漂亮的，我说你们再做做试验，动态试验、静态试验，认真计算一下。所以我建议利用钢桁拱桥两跨过去。后来经过专家论证，就同意了这个桥式桥跨方案。

第二个建议是关于桥梁结构形式的。当时设计是京沪高铁上下行 2 条线，还有沪汉蓉线，就是南京—合肥—武汉—重庆—成都这条铁路的 2 条线。京沪高铁每小时达到 300 千米，沪汉蓉客专是每小时达到 250 千米，共 4 条线。线间距都是 5 米，再加上桁梁，那么大桥的宽度就近 30 米了。在听取地方意见时，地方政府要把地铁线也架在梁上，这样大桥上就要建 6 条铁路线，设计院拿出了方案，桥宽就有 40 米了。大桥设计院拿的结构形式是 3 片主桁，就是除了大桥外侧各有一片主桁外，高速铁路和客运专线间再加一片主桁架，一边是京沪高铁两条线，加上一条地铁线，另一边是沪汉蓉快速 2 条线，再加 1 条地铁线。也就是每两片主桁架间是 3 条铁路线。我说这个桥跨度很大，3 片主桁结构是合理的，但是桥面太宽，体量太大。我的意见是把地铁线摆在外侧主桁的外面去，用牛腿支架悬臂的方法给它留出架梁铺轨的位置，什么时间铺轨都可以。地方政府若同步建就一起铺轨，要是不能同步建设就在那摆着。要是地铁线与高速铁路都摆在主桁中并行，高铁通车了，地铁就不好施工了，你就要同时把地铁轨道也给铺上。关键是地铁线放在主桁架外，使大桥两侧的主桁间距可以缩减 10 米左右，大大减少了大桥主桥桥面宽度，减小了大桥体量，优化了桥梁结构。我说地铁放在两边是可以的，我举例子说，焦枝线上的襄樊大桥是钢桁梁桥，就是 2 条正线在正桥桁梁内，桁梁外面加牛腿斜撑建的公路桥。我说地铁，轴重轻，放两边完全可以。公路都可以放，公路是 4 车道，地铁肯定行。我让大桥设计院的同志研究。后来这个问题也采纳了我的建议，缩小了桥的体量，减轻了桥本身的重量，又为地铁线的铺设提供了灵活性。

第三个建议是大桥局一位老专家方秦汉院士提出的。芜湖桥的钢梁用的是 Q370 的钢，在当时是最先进的。南京大胜关大桥原设计也是采用 Q370 的钢材。方秦汉院士是桥梁专家，他认为，那么大的体量，那么大的跨度，自身重量很大。经计算，桥梁下弦主杆件钢板的断面厚度达到了 10 厘米以上，实在太厚了。太厚是什么概念？就是焊接困难。不但如此，桥梁本身的自重也要增大。自重增大板厚又增加，这不是恶性循环嘛？方院士提出来，能不能提高桥梁用钢的强度，就是再提高一个等级，用 Q420 钢。由 370 提高到 420，抗拉应力再提高 50 兆帕。我说这个是好办法。但是，设计人员不敢用，因为还没有这个钢种，更没有实践应用。这 Q420 钢的性能怎么样，钢的韧性、强度、可焊性等性能，还有是否会因温度的变化而变脆等，都没有把握。没把握咱就做试验！方老提出来以后没有人支持，我说我支持，我认为可以。为此在武汉，由大桥设计院请来武钢研究院和特钢厂的专家，方老和高速办的专家参加，开了 2次会。我向武钢研究院的专家提出来，不但要保证钢板强度达到标准，而且可焊性、韧性也要达到标准要求，这些东西是它的核心，别到时候出了问题。研究院和特钢厂的同志做出保证，并且提出给我们无偿提供两炉 Q420 桥梁钢，让你做试验，做可焊性的试验、韧性的试验、强度的试验等，还承诺生产出 Q420钢的焊条。有了这个保证就行了。方老很高兴，一是说我支持他的意见，二是钢厂和钢研究院支持提供钢材试验材料。最后就这么拍板定下来了。

从现在用的情况来看，我前 2 个建议应用于设计，证明可行，第三个建议的拍板使桥梁的结构用钢上了等级，很多桥梁都用了，效果不错。

除此之外，在线位的优化上，依靠专业技术人员对大兴水厂附近和南京大胜关大桥桥头曲线，经过现场调查，增大了曲线半径；对枣庄至徐州之间的高路堑地段，为保证行车安全，要求设计人员做路堑和隧道方案比较后，改为了隧道方案。

但是有的意见就没有得到认可和接纳。比如全线桥梁占比很大，桥墩的形式在徐州以南铁四院设计地段与徐州以北铁三院设计地段就不一样了。虽然这2种墩型都经过检算，满足承载要求，但现场反映四院设计的中低墩，尤其是旱桥以等截面双柱墩为主，造型简洁明快，施工方便。三院设计的多是圆端形实体墩，在墩身中间加了U形槽，尤其是在墩顶2.5米范围托盘渐变到墩帽部分，造型比较复杂，施工立模，钢筋吊装麻烦。我在现场调查后又审看了施工图，与公司的有关技术人员商讨，认为应推广双柱等截面桥墩，就是在京沪高铁线上不能变了，但今后在其他线也可以推广。这个意见与有关同志商谈后，有领导认为双柱桥墩稳定性达不到要求。我是学结构出身，从直观上感觉这种说法不成立，但为科学慎重起见，我们委托西南交通大学、北京交通大学和铁科院三家分别做了仿真试验。3家共同认为双柱等截面桥墩的刚性、稳定性没有问题。结论虽然出来了，但过了半年，有的同志告诉我，部里有关部门还是发了通知，把圆端形墩作为通用图推广使用。到目前还都是按这个通用图出施工图。

再是京沪高速铁路全线改成使用Ⅱ型纵连式无砟轨道板的问题。京沪高速铁路在2003年提出的设计方案里，只有10%左右的地段采用无砟轨道，这也是我们在新线隧道中和秦沈客运专线上使用的、后来称为Ⅰ型单元板式的无砟轨道。这是设计院根据当时的技术条件，提出无砟轨道主要在隧道内、基础好的路基地段使用。在京沪高速铁路公司筹备组组织的内部审查中，我们要求设计院根据地质条件在路基和部分大桥上采用质量易于控制的单元板式无砟轨道，提高全线无砟轨道比例。经过设计院努力工作，全线比例进一步提高。

2006年5月铁道部工程设计鉴定中心对京沪高速铁路初步设计进行审查，提出：京沪正线原则上采用无砟轨道。

但在高架车站、大型到发站、桥上大号码道岔、大跨度桥（128 米以上）、活动断裂带、采空区和岩溶发育等地段采用有砟轨道。原则上北京至泰安、镇江至上海采用Ⅰ型板（单元板）式无砟轨道，泰安至镇江采用双块式无砟轨道。

据此，设计院又做了大量工作，对区域地面沉降和特殊地质地段做了专题研究后，铁三院对徐州以北共 4 段 66.7 千米（双线）地段提出采用有砟轨道；铁四院对徐州以南 63.9 千米提出铺设有砟轨道，这样全线除了联络线出岔、高架车站、黄河大桥、长江大桥、活动断裂带、沉降差异明显地段外，有 1200 千米左右都是无砟轨道，当然都是以Ⅰ型单元板为主。

认真听取铺轨分部经理张忠德（右一）对施工情况的汇报
（左二为蔡庆华，左四为卢春房，吴兴锋摄影）

这里要指出，2005 年京津城际开工，部里主要领导决定京津城际采用引进的德国博格板，即纵连板式无砟轨道板，我们称之为Ⅱ型板。这种轨道板在德国才只在 30 多千米线路上试验，且这段线路还主要是路基。

至 2007 年京沪高速铁路可行性研究批复后，在优化设计

中，为发挥京津城际已建 2 个 Ⅱ 型板制板场的作用，我们研究
选在北京至廊坊和山东境内济南至枣庄，就是徐州以北地质条
件较好的地段，在路基及与中小桥相连地段，铺设 Ⅱ 型板。这
样 Ⅱ 型板的铺设长度也就在 300 多千米，所以全线大部分无砟
轨道还是采用单元板，即 Ⅰ 型板。铁三院铁四院提交的桥梁施
工图全部是按 Ⅰ 型板无砟轨道出的图。

　　正在全线紧张的施工进行中，2008 年 10 月中旬的一天，
时任部长决定，一是全线都使用无砟轨道，二是使用 Ⅱ 型板无
砟轨道。当时京沪高铁全线施工正在紧张推进中，每天生产
40 片箱梁。公司与部鉴定中心和工管中心的同志都认为，不
但有关技术问题尚未解决，而且投资工期都要受到影响。因 Ⅰ
型板和 Ⅱ 型板高度不一样，已制成的箱梁还要做梁面处理。就
在这一系列问题还未解决的情况下，我记得是 10 月 23 号下午，
铁道部召开办公会议，第二个议题就是研究京沪高速铁路重大
技术方案。我到会早，看了鉴定中心领导的汇报提纲。所谓研
究京沪高速铁路重大技术方案就是讲全线采用 Ⅱ 型板，汇报提
纲既没有分析其特点也没有讲在京沪高速铁路采用带来的问
题，只讲 Ⅱ 型板在京津城际上用的如何好，是引进消化吸收再
创新成果，具有完全有自主知识产权等。我立即找到鉴定中心
负责人，指出为什么不全面介绍情况和存在问题，为什么不做
对比分析？他笑而不明确回答，只说这是领导意见。我回来找
过部总工程师，问他知不知道高架桥车站上无缝道岔区使用 Ⅱ
型板的有关技术问题还没有解决，他也是笑而不答。我已明白，
他们已经统一了口径。在讨论第二个议题时，各司局先发言
表态，然后是三总师及副职、工会正副主席发言，大家不是
说"同意"，就是说"专业性强，不了解"，就连总工程师也

是强调Ⅱ型板的优点，京津城际上用得很好等。在职部领导发言前，要我先说。作为京沪公司董事长，所以在发言时，我首先把公司所做工作作了汇报，再介绍了国外使用情况和京沪高速铁路的特点，特别指出简支梁上铺设纵连式无砟轨道板在结构上的问题，又讲了京沪全线已生产1000多孔梁，并且已经开始架梁，每天还在以40孔的速度生产，全改Ⅱ型板可能造成的损失和增加的费用，我当时只估计投资要增加20多亿元（实际40多亿元左右）。特别强调南京大胜关长江大桥和济南黄河大桥上不能使用Ⅱ型板的原因。

　　我知道主要领导意见已定，但我还是要把情况讲清楚。我最后表态用了四句话：坚持质量第一方针，依法合规变更设计，不折不扣按图施工，又好又快建设京沪高速铁路。一直到全部与会领导都发言完，也没有一个再提不同意见。部领导总结时，批评我思想保守，坚持要求全线必须使用连续板无砟轨道。会后部鉴定部门即发文，除在南京大胜关长江大桥和济南黄河大桥上保留了有砟轨道、其两端引桥上采用Ⅰ型板过渡外，全线都改成了Ⅱ型板无砟轨道。公司接到通知只能执行，立即与三院四院研究意见，一方面所有梁场停止生产，抓紧修改模板；另一方面也是最紧迫的，对高架车站上铺设连续板无砟轨道的技术研究。我们立即安排由铁四院牵头（因为高架桥上的车站都在其设计范围内）、铁三院、铁科院、西南交通大学和北京交通大学参加的桥上道岔区Ⅱ型纵连板无缝线路的结构特性研究和试验。

　　在他们的积极努力下，建立了"岔—板—板—梁—墩"一体化计算模型，编制了计算软件，明确了无缝道岔、预应力连续轨道结构与桥梁的纵横向作用机理和受力及变形特征，形成了系统的设计理论和计算方法，确定了高架车站岔区纵连板无砟轨道与桥梁的接口技术要求，包括梁型布置的调整、转辙机处桥梁加宽等，解决了桥上车站纵连板式无砟轨道无缝道岔设计中的多项技术难题。这也是我前面所说的京沪高铁在轨道上的技术创新成果吧！桥上道岔区铺设Ⅱ型板的问题解决了，但是Ⅰ型板改Ⅱ型板增加了40亿元左右的投资。另外，随着时间的推移，简支梁上铺设连续板，已出现纵连板联结处的胀裂问题——结构上的问题开始暴露，已经成为养护维修的一个重点问题。

还有一个是"端刺"的型式问题。由于Ⅱ型板无砟轨道的全线使用，在路桥相连地段为抵消桥上纵连板传来的纵向力，在桥头路基上必须设置端部承力装置——"端刺"。原设计图全部是照抄人家的，就是在已完的路基上开挖纵断面为倒T形的槽子和多个齿槽，灌注成倒T形的钢筋混凝土结构物，上部用钢筋混凝土与齿槽联结起来形成一个整体，抵抗和消除桥上纵连板传递来的纵向力。我发现，这种倒T形的端刺在已成型路基开挖，不但破坏了路基整体性，而且开挖工作量大。倒T形钢筋混凝土灌注完后，还需要再用级配碎石回填、压实。我与设计人员商量，端刺就是为抵消桥上纵连板传递的部分纵向力，这可以计算出来，为什么端刺不能建成正T形的呢？施工方便，开挖和回填工作量都小，对路基的影响也小。我们为什么不能创新一下呢？他们认为有道理。但有人认为正T形抵抗力不够，还说人家是成功经验。我坚持用实践说话，就请北京交大高亮教授带队在安徽滁州境内做了正T形无砟轨道端刺试验。因上部与摩擦板相联成一体，其下部就是一个柱形了。这中间我到现场观看了试验过程。据他们的结论，正T形端刺完全可以抵消桥上纵连板传来的纵向力。只可惜这个成果并没有得到推广应用。

另外，关于风雨棚很漂亮但既不遮风又不挡雨的问题，京沪高速铁路增加风屏障的问题，都提出过不同意见、出现过争论。因为不是技术问题，我就不介绍了。

关于施工组织的优化和工期变化

京沪高速铁路的控制性工程是南京大胜关大桥，在国家发改委的支持下，批准提前立项和开工，为全线工期安排创造了条件。

国家发改委在全线可行性研究批复中指出，全线工期按 5 年至 5 年半安排。在对全线调查研究基础上，由于前期工作做得比较充分，技术准备、设计文件交付都能得到保证，所以京沪高速铁路公司在组织编制全线指导性施工组织设计文件中，总工期按 5 年计算。其中，工程建设工期 4 年，完工后的联调联试和试运行 12 个月，在指导性施工组织设计中，安排 2008 年年初全线开工，2012 年年初工程全部完工，2013 年年初正式开通运营。

2007 年 12 月土建工程招标，2008 年 1 月中旬中标单位即进场做施工准备。由于国家有关部门和地方政府的支持，各股东单位的努力，京沪高速铁路的征地拆迁工作基本上按工程需要保证了用地。施工组织中，施工准备安排了 6 个月，实际上施工队伍的进场、安家建点等准备工作也只用了 3 个月的时间。全线近 10 万参建职工，快速进场，快速安家，迅速掀起了建设高潮，实现了良好开局。2008 年 9 月京沪高速铁路建设领导小组办公室召开第一次主任办公会，重点对全线指导性施工组织的优化做了研究，提出在优化施工组织方案的基础上，全线工期争取提前一年。

为落实办公室主任会议精神，京沪高速公司对工程做了认真梳理和进展预测，在统筹分析比较的基础上，决定对全线 48 个制梁场中的 25 个，增加制梁和存梁台座；全线再增添 6 台运梁车和 4 台架桥机，增加 8 套现浇梁的模架设备和 8 套无砟轨道铺设设备。这样相对于原方案可以缩短工期 10 个半月，也就是有可能在 2012 年 2 月开通，这是全线第一次施工组织的调整。

由于各方面的支持和努力，股东单位资本金提前到位和各大银行借贷资金的保证，京沪高速铁路在开工当年的 9 月底全线已制梁近千片，并在安徽境内蚌埠段率先开始架梁。2008 年实现了当年开工、当年制梁、当年架梁，超额完成了当年的生产任务。在 2019 年 1 月下旬（春节前），铁道部组织第一次建设现场办公会议，认为工程进展顺利，实现了首战告捷、首战全胜。时任部长又提出 2011 年 5 月所有工程全面完成、2011 年 8 月前完成联调联试、四季度全线开通运营的要求。

京沪高速铁路公司再组织所有参建单位进行工程梳理，抓好工程衔接，分段优化施工组织，增加施工机具配置，提前站房施工和铺轨基地建设，压缩联调联试和试运营时间，就这样安排也需要到 2011 年 10 月初才能开通。这个方案得到领导小组第三次会议的同意。这是全线第二次施工组织的调整。

经参建各方的共同努力，2010 年 6 月 20 日全线完成架梁。实际上，无砟轨道铺设紧随架梁工程，在不影响运梁地段已经展开。7 月 19 日全线开始铺轨，11 月 15 日全线铺通。11 月在枣庄至蚌埠南先导段进行综合试验，各项工作进展还算顺利，基本按调整后的目标推进。

2010年12月中旬，领导小组成员添乘列车检查全线工程后，在上海召开第四次会议。但不知出于什么原因，时任部长在向领导小组的汇报中提出2011年6月全线开通的安排。与会的领导小组成员没有不同意见，这就给开通设定了最后的期限。这也是第三次调整。

如果说全线施工组织第一次调整是前期准备充分、各方支持、共同努力的结果，属于施工组织的优化，那么第二次调整就带有行政决定的意图了，到第三次调整则是从个人功利出发、违背规律规则的个人决定了！

京沪高速铁路工程虽然站前工程进展顺利，但2010年8月四电工程才上道作业，站房正在做下部工程，在2011年6月怎么安排都不可能全部完成。但会议认可了这个开通时间，京沪公司和各参建单位只有再做施工组织方案的调整，要求站房施工单位首先为四电安装创造条件，全线联调联试分段进行、交叉作业，实现施工效率最大化。就这样，除先导段外，至2011年5月初才完成分段联调联试，5月10日前后才做全线拉通试验，6月中旬才完成运行试验。不仅站房工程，而且各站风雨棚都没有做完。实际上联调联试和运行试验的时间不但大大压缩了，而且被分切为碎段进行，这才在6月30日开通试运营。

开通时间的问题，如果等3个月，到9月底或10月初开通，这3个月也正是施工的黄金季节，我们的站房工程有可能就做完了。在这年8月席卷江浙和上海地区的"海葵"台风中，苏州北和无锡东两站的风雨棚就不会被掀起来，定远车站的风雨棚也不会被刮翻。还有所有的养护维修点，在 6 月 30 日前都没做完，只得通车后继续做，工务运维、四电维修等运维人员居住的房子都是租的地方上的。

老实说，如果京沪高铁不是 6 月 30 日开通，"7·23"出事故的动车组就不能借道京沪高速铁路。实际上，"7·23"事故的动车组是运行在宁波至温州之间发生的事故，而有人硬说是高速铁路出的事故。"7·23"事故既不是高速铁路工程质量上的事故，也不是动车组的事故，它是因天气变化出现信号故障，加之出了故障以后处理不当，是运输指挥上的错误，对此国务院调查组是有结论的。所以，如果京沪高速铁路不提前到 6 月底开通，那就与京沪高速铁路联系不到一块，也许事故是可以避免的。我认为，工程施工就得按施工组织的安排进行，这是有科学依据的，不能违背规律。

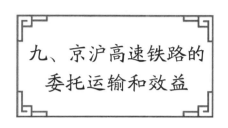

九、京沪高速铁路的
委托运输和效益

2011 年 6 月 30 日，京沪高速铁路开通运营。这是各方配合、共同努力的结果，更是十几万建设者拼搏奉献的成果。

参加京沪高速铁路工程国家验收会议的盛光祖、卢春房和公司领导
（左四为蔡庆华，图片由本人提供）

京沪高速铁路的建成通车，作为从头到尾全程参与了京沪高速铁路建设的我，自然万分高兴。爱好诗词的我，填词《水调歌头》表达我的兴奋之情。2011 年香港凤凰卫视采访我的时

候，我曾经念过：

水调歌头

朝辞天安门
午逛城隍庙
才见平川无际
又观浦江潮
酣尝阳澄蟹鲜
再望泰山神峰
晚茶品天桥
凌空五千里
驰骋和谐号

多少事
重在行
莫争吵
十万大军鏖战
四年付辛劳
梦圆神州大地
畅通四省三市
发展再攀高
历史当记住
英雄数今朝

蔡部长赋诗一首

2011 年接受香港凤凰卫视采访视频截图

京沪高速铁路经过初期运营试验、国家验收，运营 4 年多来，设施设备状态良好，安全生产持续稳定，服务质量持续提升，经营效益持续向好。我们开工之初提出的建设技术创新工程、质量精品工程、资源节约工程、环境友好工程、社会和谐工程的目标达到了。京沪高速铁路开通后，实行的是委托运输，公司实行资产管理。

委托运输管理

在 2007 年 12 月召开的京沪高速铁路股份有限公司发起人会议一致通过的《公司章程》中就明确：京沪高速铁路建成后，纳入全国铁路系统……服从全国铁路运输统一调度指挥。还指出，为充分利用社会资源，最大限度降低运营成本，实现股东利益最大化，公司原则采取委托运营的运营管理模式。

在京沪高速铁路可行性研究批复中，安排了动车组的购车费。在铁道部的初步设计批复中指出，本线运营调度，暂由北京客运专线调度所负责指挥。

　　按照公司章程和有关批复意见，在京沪高速铁路的建设中，为做好开通后的运营管理工作，公司就曾对采取何种管理模式，做了调研和专题研究。在借鉴已开通客运专线管理模式的基础上，分别与京沪高速途经的北京铁路局、济南铁路局和上海铁路局做过多次对接。尤其是铁道部在建设过程中决定京沪高速公司自己不再购车后，公司与铁路局会商，提出了委托运输管理的协议（草案）。2010 年 9 月，经公司董事会审议同意后，报铁道部批准，2011 年 5 月分别与 3 个铁路局签订了委托运输管理协议。

　　委托运输管理，这既是从公司实际情况出发，也是从发挥铁路运输统一指挥和沿线铁路局运输组织优势来考虑的。尤其是决定公司不再购车后，这既省去了公司购车费的投资，也将减少公司对动车维修设施设备的投资。为做好委托运输工作，在工程建设后期和初验中，我们就要求铁路局的相关站段参与其中，请他们熟悉建设情况和相关设备。

　　委托运输是一个全新的运营管理方式。它与已开通的客运专线、城际还不一样。已开通的城际客运专线，开始就是由铁路局组建的公司来承建，再由铁路局自己管理，其核算也是由铁路局自己来协调。而京沪高速铁路是一个独立的合资公司，委托铁路局来做运营管理工作。虽然委托协议明确了运输组织、固定设施设备、移动设备、安全生产、铁路用地，还有安全保卫、路风和综合治理等由委托铁路局负责，但有些条款不是很细致和明确，当时也不可能做到很具体。比如，高速铁路委托运输的有关清算付费办法、价格，公司不购买动车组，租用动车组的费用、备用率，设备维修的定员等都没有现成的定额标准。

　　再是公司开通运营后，做什么，怎么做？委托运输后管什么，怎么管？怎么落实好委托协议的内容、如何做到公司资产的保值增值？这些问题都摆在我们面前。

京沪高速铁路股份有限公司董事会议留影
（前排左五为蔡庆华，图片由本人提供）

在这些问题上我跟股东们经过探讨，认真听取了他们的意见和要求，公司也是认真研究过的。在调研并与股东商讨后，从我们的实际出发，我给公司职能定了3句话：第一句话叫作资产管理。公司是股东资产的管理者。法律规定，董事会、董事长的责任就是公司资产要保值增值。公司就是负责资产的管理工作。京沪高速铁路建设，包括征地拆迁、北京南站建设费用，当时总投资就是2000多亿元，不但不能让它贬值，必须保值，还要让它增值，创造新的价值。公司资产是什么，边界要清楚，都在哪个地方，要有账可查。建设完了，我们就抓紧清理概算，清理投资，把资产搞清楚。不但要做到账物翔实相符，并且还要让这些"物"发挥作用。这是我关于公司的第一句话。

第二句话叫作运输监管。因为铁道部决定公司不买车，京沪高铁线上的动车运输就有 2 种方法：第一种就是卖线条，即把线路租出去，谁开车走京沪高铁线，售的票款归谁，但留下过路钱；第二种我们自己开，租车（包括车上服务）开车，我们开车，售票款归己，公司付租车费。我不大同意卖线条，因为定价权不是你的，如果把价格定得低，那不亏了吗。所以现在我们是卖线条和租车自己开 2 种都做，必须一半对一半，不论怎么定价我都比较灵活。因为当时线条的使用定价、租车的定价都还在摸索中，没有合理依据的定额考核，所以我说就租车和收线路使用费相结合。

凡是北京到上海之间，只在京沪高铁上运行，不到其他地方去的，叫本线车，我们租车，按你的车辆不变成本、活动成本，按运行里程和工作时间付费。电是我的，路是我的，不给你费用。我就支付你的动车折旧费、贷款购车的利息以及车上乘务人员的人头消耗等活动成本。你来给我跑，卖的票钱都是我的。从北京到杭州、到福州、合肥，按铁路总公司的说法，那算跨线车，那等于我卖给人家线条，给我们线路使用费。

我给有关同志提过跨线车与本线车得有一个界定，在京沪高铁线上跑了 1000 多千米，到其他线上有的只跑 100 多千米，有的也只 300 多千米，到底谁跨谁的线？我说今后要有个界定，让高速铁路网的清算更趋合情合理。

运输监管就是要分析客流变化，每趟车尤其是本线车的上座率、收益率，要检查站车的服务工作，提高服务水平，创出品牌。

到现在我每天还要看公司运营日况表。有的车一个时段上客不好，客流很少。但是，排在运行图中的列车即便是没有旅客也要跑，这样我们也得交车辆的折旧费和活动成本、司机和服务人员的费用。我就提出，旅客少了，能不能采取措施？要求减少车次或停开？运输监管，就是看它的客流变化，并提出应对措施。还有星期五到星期天3天客流大，但3天也不一样，因为京沪高铁不是一般的线路，都是休周末，北京到天津，半个多小时，到济南一个半小时多点。星期五下午就回家了。到南京才4个多小时，星期五下午有的就休周末走了。所以说星期五的时候人特多，星期六在家休息，星期天下午人多了，得回来上班啊！也有可能请个假有什么事情，星期一回来的。从统计情况看，星期六人少，比周三、四，有时比周一都少。我们发现了这个问题，所以就把星期五、星期天的车增加了。但总公司运输部门把星期六运行图排的与星期五、星期日一样，我一开始就曾经找过运输部门，给他们说你星期六不能开那么多，少开几趟行不行？但人家认为图都已经排好了，开不开都一样。这就是他们的管理方式！图固定下来了，运输上就没有责任了，反正你开也好，不开也好，到时候就按图走。我说那可不一样，星期六不拉人的话我们也得交租车费，还有我们的电费。在我的再三要求下，星期六的车调了，但是现在也没减到位，一、二、三、四算一般图，五、六、日算高峰图。我说星期六无论如何你给我减，这才减了几对。这就是经营观念问题。

我还说从管理的角度讲要好好分析售票工作。我买从北京到济南的票，现在都是电子售票，济南以后的票就应该提前售，要充分利用好咱们的座位，提高上座率。另外，现在还有个别晚上开的车，是我们租的车，一趟车才卖1000块的票款，白天的都卖几万，十几万，要考虑啊！当然，有的是为了回送车体，可有的并不是，仅仅为了填图，那怎么能行？我说的运输监管，就是要经常了解、认真分析，还要监督提高服务质量，不但在站上而且还要到车上检查服务。比如 VIP 商务座的问题，人家买了商务座以后，如果是在飞机场的候机室，是单独引导，可我们呢？没人引导，拿着票自己找。

再有，在刚开通半年时，有人就提出搞降价促销，我说二等座一直是满的，你降什么价？一等座基本上差不多，你能降吗？对于商务座，我说你们做过了解吗？京沪高铁北京到上海，一等座二等座不能降，商务座降有意义吗？我是做过调查的，坐商务座的大部分是为了享受这个座舱，你给它降10%，1700多元降10%，到1500元，对坐商务座的乘客无所谓，而坐二等座的旅客，他花 550 多元买的二等座，能会再花 1000元去升舱吗？人家不可能去升舱，你降30%他也不会升舱，对不对？我说降价没有意义。找个老板你问他，别说商务座1700多元，就算 2000 元他该坐还是坐，降10% 没有任何意义。结果试验了 3 个月，没有任何意义，这才改过来。这就是我们铁路系统长年束缚在计划经济体制下造成的结果，致使一些部门的一些同志缺乏经营意识，没有研究过市场经济的营销策略，再加上缺乏深入细致的调查，所以往往只是从自身工作如何简单便利思考问题，不考虑企业经营的大局。

还有一件事就是高铁线路每天天窗点后，分段都有确认车检查，此外早晚的车一般上座率也都比较低。2012 年我就提出来能不能开通动车快递？有的人说，汽车进不去高速站台，高速动车没有装快件的车厢。我说商务座里腾出来 2 个座装快件有什么不行？别说商务座了，在其他车厢的空档处也可以办，就是把快件用整理箱装好送上车行不行？人都可以背着走！对快件运输的效益，我有亲身体验，中国土木工程学会通知我在新大都饭店召开一个会议，给我送过来一个快件，就是一个信封装的通知。我问了一下，收费 25 块钱，5 块钱的信封，运送费 20 块钱。我说我骑自行车半个小时到了，这同城就 20 块钱，那如果到天津什么概念？如果说一个整理箱装 100 件，一趟动车组装几个小件整理箱能不能装？我说这是什么概念？为什么不能做快递运输？为什么要做大件啊？我做小件快运，买个小背包装里面，我背几个箱子上车行不行？我这个建议一提出来就被否定了。

现在他们是否在做快件运输我不知道，这是我在京沪高铁开通后不久提出来的经营思想。现在快递在人们的生活中用得非常广泛，但是咱们高速铁路上还没用起来。

还是 2012 年，我还提出，现在上网已成为人们生活的重要内容，咱们动车组上能不能装 Wi-Fi？北京交大的一个公司来找我，说不要任何费用，无偿给京沪高铁动车组装 Wi-Fi。做广告有收入，还可以给京沪公司分成。我说分成多少不重要，方便旅客就可以。但事情牵扯到安装设备，要去找运输部门。人家说，动车上不能随便钻孔，你把那个东西放到地上去。对方说放到地上会丢失，谁都可以拿走，所以没谈成。这就是我们的经营理念。所以我说，必须要提高服务质量，才能吸引客流，不断提高运输效率，这才有效益。这应是运输监管的责任。我看报道京津城际进行了超高速无线通信测试，估计今年年底能实现高速铁路 Wi-Fi 联通。

第三句话是安全监督。为什么要安全监督呢？因为我们京沪高铁的所有设备都是委托路局有关部门维修的。委托维修每一年要花不少钱，还有要更新的，还有要补充完善的。高铁是少维修不是免维修，任何设备使用的时候都要维修，都要更新。我们每一年都安排一定维修费用，这个费用用到哪儿了？用的对不对？这都跟安全有关系，就得去监督，这是落实的问题。

还有日常维修工作，比如工务段的线路维修工作，我说公司驻各局办事处工务监督人员要定期上道检查工务工区的作业情况、作业记录，保证维修到位。你必须在他检修的时间去监察他上道情况，出勤情况，落实情况，监察的重点是做了没做，做到位没有做到位！这都是咱们安全监督里的内容。所以我定了3点：资产管理、运输监管、安全监督。这里面还有好多工作需要细化。

市场缺什么我们就去做什么，满足需要，但是有一条，一定要保证安全不能出事。不要看现在设备状态是好的，是没有问题的，但是没有永远不变的东西，一切都在动态变化中。

到目前为止，董事会还认可我的意见，公司的同事也认可。2013年6月份，京沪高速铁路股份有限公司董事会换届，我不再担任公司董事长和党委书记了。到现在公司已经是第三任董事长，我也给他们交代，给他们说了这些情况，大家也认为是正确的。当然随着发展变化，还有好多工作要研究，好多事情要做。

京沪高速铁路开通运营以来，我们就是讲要全成本来核算，要把设备折旧、纳税、日常维修、租用动车组的费用都要算进去。京沪高速开通之后，每一年的折旧费要提足。所有的租车费都要按时结算给人家，营业税要缴，那是全成本的，要统一口径来计算。

京沪高速铁路的财务账是经过审计的，也是经董事会审查的，公司去年分红了。

京沪高速铁路效益显著

京沪高速铁路运营 10 多年来，经济效益和社会效益也是显著的。京沪高速铁路从 2011 年 6 月 30 日开通至 12 月 31 日，累计运送旅客 2445.2 万人次，日均开行列车 143 列，日均运送旅客 13.2 万人，半年客票总收入 69.99 亿元。2012 年全年累计运送旅客 6506.9 万人次，日均开行列车 175 列，日均运送旅客 17.8 万人，本线客票总收入 173.8 亿元。2013 年全年累计运送旅客 8389.8 万人，日均开行列车 198 列，日均运送旅客 23.0 万人，本线客票总收入 222.58 亿元。2014 年全年，京沪高速铁路日均开行列车 259 列，日均运送旅客 29.0 万人，年累计运送旅客 10 588 万人次，本线客票总收入 296.4 亿元。从开通到 2014 年 12 月 31 日，京沪高铁累计开行旅客列车 257 494 列，运送旅客 2.793 01 亿人次。开通后的第三年，公司就实现了全口径核算（包括提足折旧、归还到期贷款和利息等）盈利，实现利润 22.68 亿元。2015 年全年日均开行列车 301.54 列，日均运送旅客 33.5 万人次，全年运送旅客 1.27 亿人次，本线客票总收入 350.13 亿元，实现利润 66.6 亿元，弥补了历史亏损后还提供了 5 亿多的可分配利润。京沪高速铁路的客流呈稳步上升的态势，本线客票总收入和营业收入也在逐年增加。

京沪高速铁路不仅经济效益凸显，社会效益也很显著。京沪高铁的开通对沿线经济发展、城市建设的拉动和辐射影响已经显现，已产生以京沪高铁为依托的"高铁经济"效应。沿线发展迈上了快车道，从北向南，一直到上海虹桥，高速铁路车站周边一座座高楼拔地而起，一个个新城区、开发区已具规模，京沪高铁就像一条金丝带，把沿线一颗颗珍珠串联起来了，京沪高铁隆起一个新的经济增长带。京沪高铁的开通拉动了沿线旅游市场的发展。以山东曲阜为例：2011年6月京沪高速铁路开通以来，曲阜市旅游接待人数和旅游总收入大幅增长，2013年接待游客达到989万人次，比2012年增长11.6%，旅游总收入122.32亿元，比2012年增长14.21%；2014年接待游客1082万人次，旅游总收入138.14亿元，分别增长9.3%和12.9%；2015年接待游客1180万人次，总收入157.96亿元，分别增长9%和14.3%。

京沪高铁的建设，完善了中国的综合交通运输体系，体现了国家的重大战略，极大地改善了京沪通道运输长期紧张的局面，大幅提高了我国铁路的运输品质；从京沪高速铁路起，建立完善了我国高速铁路技术标准体系，加快形成了我国高速铁路自主创新能力，是实现我国铁路装备制造业跨越式发展的重要依托；高速铁路对节地、节能、低碳、环保贡献巨大，是资源节约型、环境友好型的交通运输方式；它加快了人们的生活节奏，拉近了人们的时空距离，改变了人们的出行方式，对沿线百姓生活水平和生活质量的提高也起到了重大作用。可以说，京沪高速铁路已经成为一张"国家名片"；京沪高速铁路先导段486.1千米/小时的运营试验速度，已成为"中国速度"的代表！

公司上市的争论

京沪高速铁路的效益已经显现，那么要不要上市？

在建设过程中，社会出资的股东就曾提出公司要上市。

我说，在建设期间就不要提上市，当时正是花钱阶段，而且建设期不会有收益。我说上市是有条件的，你必须有 3 年的盈利业绩，建设期间只是花钱，上市能行吗？这是我说的第一句话。第二句话我还说，上市干什么？融资。对公司有好处，但没有收益一是对股民不负责，因为股民买股票是希望取得比存银行更好的收益；二是股票市值也不会高，我们正在建设中没有收益，证监会也不会批。第三句话，融资做什么？我们建设中的资金是有保证的，现在融了资干什么？融资不明确投资方向，那为什么要上市？我说今后上不上市，那咱盈利后再说。

前不久给新的董事长我也提出了这个问题，可以考虑上市的问题了。但无论如何有一条，就是必须明确上市融资后做什么？要有目的！如果你没有明确做什么，宁可不上市。华为集团市场大不大？它就不上市，为什么？我们要学习研究，为了扩大生产，钱不够，银行贷款利息高，才去融资；为了去做更大的事业、创造更高的价值、赚更多的钱，才去上市。现在如果都不知道要干什么，融什么资！绝对不能盲目圈钱，那是不负责任的！

如果不能扩大再生产，上市融资后没有投资方向，目标不明确，还是原来的企业利润，融到的资金拿在手里，股权扩大，只能稀释摊薄原来的利润，受害的是新的投资者和股民。邓小平同志提出来要发展股份制，要发债券股票，都非常正确，这是融资的重要方式。发行股票，要投资实业，吸收资金是要扩大生产，去创造更多的价值，这才能够巩固股市。

所以对京沪公司我曾说，上市做什么？融资。融资干什么？如果不知道，宁可不上市，先要做好巩固工作。当然了，对京沪高速铁路上市我提了设想，第一步怎么样扩大经营范围，第二步怎么办，我都谈了个人建议。只供他们参考。

你们问到我在京沪高铁公司的待遇问题，我告诉大家，我一直拿的是公务员工资。我在京沪公司管了那么些年，从筹备到运营有 10 多年，我没在京沪公司领取过工资和报销过差旅费。当时京沪公司成立时我就说了，我要是为了钱就不到京沪公司来当董事长了，要是为了钱我不会干到今天。因为党对我的教育就是要我做好工作。我当董事长的时候，就明确除了公司调入和聘用人员外，董事长和各单位董事、监事会主席和监事一律在原单位拿工资。建设时期，董事会给总经理定了二十几万年薪，运营时定了三十几万，而我还拿我的公务员工资。2013 年 9 月，我办理退休手续拿的是公务员的退休工资。对企业高管的工资，我不眼馋，我的工资够花，共产党对我非常优厚了，我能拿到今天的工资已经很满足了。钱多钱少够花就好。钱对人来说，没有不行，多了也不行。一定要有知足的观念，知足常乐。人心不足蛇吞象，有些人犯错误就在于人心不足，是贪欲造成的。没有贪欲，思想就上了一个境界。当然我现在还是低层次的，就是一名普通党员。感谢党的培养教育，做了一些党和国家要我做的工作，不论在哪级岗位上，我时刻记着党对我的恩情。报恩就要主动做好工作，做不好工作就对不起党。学生学习不好，不是好学生，对不起父母，对不起国家；职工工作不好，不是好职工，对不起国家，对不起党，也对不起你的工资。我是这么想的，也要这么去做！

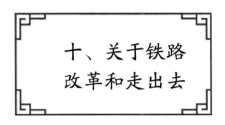

十、关于铁路
改革和走出去

铁路是国家基础设施

你们让我谈谈关于铁路总公司的改革问题。我认为政企分开是必须的，铁路运输要市场化经营，提高服务质量，满足人们方便出行的需要，这是一句话。但是从当前我们经济社会发展情况来看，铁路还承担着一些政府职能，如路网的规划和建设、救灾、军运以及铁路走出去方面的工作，这是第二句话。总之政企分开是必然的，铁路的特殊性也是存在的。

铁路过去一直讲的是"高大半"——高度集中、大联动机、半军事化，这主要指的是铁路的管理。铁路是国民经济的命脉，现在强调的是民生工程，是基础设施，这也是铁路的属性。我认为基础设施，民生工程完全靠市场经营显然有些问题。铁路的投资规模大，建设周期长，回报比较慢。国家尽管放开让社会资金来投资，但社会资金尤其是私营资本投资的目的是盈利，没有收益谁来投资？我们在开始寻找京沪高速铁路的社会投资者时，人家就要了解你的可研报告和效益预测情况，很明显就是看你什么时间能盈利。人家是要回报的，要把经济效益放在第一位。社会资金直接投资来做铁路，人家也是看在哪里、什么线上，那也是要以盈利为目的。我认为，中国的铁路网还不完善，尤其是我国西部的路网还没有建起来，就是高速铁路也只是搭起骨架。现在铁路总公司一方面要承担原铁道部留下来的沉重的债务负担，光利息每年就要支付 2000 亿元左右；同时还要贷款承担新线建设，包括西部开发铁路建设的任务。这个矛盾怎么来解决？我就在想，国土开发、西部发展的铁路应由国家直接出资，减少铁路总公司的债务。既有债务要尽快明确由国家承担，哪怕由总公司承担，如何还债、还多长时间，也要明确起来。老线、新线应该分别核算、市场化经营，让铁路总公司按市场规则去经营。但每条线情况不同，也应该有不同的核算办法，才能调动积极性。经营的定价权现在说放了，但老百姓说这是民生工程，你定价为什么不听证？如果听证，老百姓能让你涨价？让你降价还差不多。但价格太低又入不敷出，这个事情怎么解决？这是改制后铁路总公司承担政府职能方面的问题，应有明确的政策规定。

从总公司内部讲，铁道部改成中国铁路总公司，我认为绝不只是名称的改变，更重要的是思想观念、管理手段、体制机制要适应变化了的情况。比如铁路改制后，总公司领导提出取消货运计划，前厂后店，来多少受理多少，这个想法很正确。尤其是高速铁路开通后，客货分线，既有线上的运输能力腾出来了，完全可以不需要计划。但是，这不是一个领导同志说了就能实现了的，而是要上下齐动。尤其是基层站段的货运受理人员的观念需要转变，各级领导人员的经营观念需要转变，不能再拿政企不分时的思想组织今天的运输。过去，货运员的工资跟干多干少没关系，一天受理 10 车货，工资不会增多，一天一个车不受理，工资也不会减少，那我为什么要多受理啊？说得不好听，前几年的不正之风，因车皮紧张来办理货运，谁给送条烟，请吃顿饭，那我就先受理谁的。现在你不请我吃饭了，我何必费那个劲！铁路货运就是敞开了，不要计划了，但没有上下联动的积极性，没有经营理念的转变，没有与职工的利益挂起钩来的实施办法，增运增收的潜力是挖不出来的。建立总公司，就要求从上到下市场化经营，在兼顾社会效益的前提下，求得经济效益的最大化。本来我们的站段就是企业，现在撤销铁道部成立总公司，更明确了铁路的定位，就必须用市场化和经济手段来管理，要建立和完善从上到下的与经营效益挂钩的管理考核办法，所有的职工人人有责。简单地说，以去年完成的数量做基数，核定你的工资数，今年你多运了，多承揽了任务，我就给你奖励。人家那个快递小哥骑着摩托突突突送来以后，我问人家，"收入一个月上万"，这就是为啥快递小哥有那么高的积极性。效益是调动人积极性的最好东西，我们能不能学一学？

我说一件一年前的事情，我们詹天佑基金会每年都要给原铁道部所属学校的詹天佑班送书，送点学习用品，这就要托运。我们请中铁快运办理，我们打了包，自己送到托运点，费用不少，时间还长。我们给其他快递公司一说，人家就上门来了，帮你打包弄好，钱也不多。我就给中铁快运的领导说，你们这种经营观念怎么能够承运到货物？我就建议他们应该对每一个窗口、每一个岗位的职工以去年承担的任务和收入为基础，你多揽我就按比例给你增加工资。不要怕职工发财，职工每个月现在才几千块钱，只要是劳动所得，你让他得一万行不行？得两三万，一年也就 30 多万，比那些企业家少多了！职工收入多一点也当不了资本家。收入不多点，能买得起房子吗？一年几十万，10 年能不能买得起房子？只要多干活，只要多劳动、多付出就涨工资，这样才能调动积极性。当然了，我只是提个意见，这是要认真研究的问题。

中国铁路的发展，中国铁路的改革要认真研究，一定要从中国国情出发，从实际出发。

铁路能够走出去

现在大家都在热议"铁路走出去"，因为国内外对高铁的认识越来越明确，对铁路的定位越来越重视，一是节能环保；二是快捷方便，尤其是中长途运输，非常方便。

中国铁路走出去，高速铁路走出去，是落实习近平总书记"一带一路"倡议的一个重要举措。我们的技术是先进的、成熟的，造价是经济的，这是实践证明了的，我们完全能够走出去。但在走出去的具体工作中一定要认真分析，认真对待，做好工作。我前两天还给一位负责国外项目的同志讲这个事情，走出去，要头脑清醒，不能盲目。我们国内项目的征地拆迁都是依靠当地政府，咱们走出去带的是技术，带的是资本。那么你要考虑如何在那个地方落地生根，没有土地落不了地，也生不了根。一个国家有一个国家的风俗，一个地区有一个地区的观念，怎么把这个事做好，这需要深入思考。不要认为政府间签了协议就什么事情都解决了，协议的具体实施和落实才是重头戏！落实"一带一路"倡议，铁路要抓住这个机会。要注意，一定要从实际情况出发，既要看到有利条件，又要看到它的困难。因为毕竟我们以前是在中国建高速铁路，有咱们社会主义制度的优越性，各个部门的协同。到别的国家去修建铁路，这些国家完全是私有化的，土地的征用，中国公司就没法做，也不能用中国的政策去做。必须得依靠当地力量，由他们解决好才行。我还向他指出，走出去以后，组织合资公司，要发挥公司董事会、监事会的作用，外方承担什么责任，我们承担什么责任。不但要明确责任，而且对完成时间也要建立考核制度。否则，开工以后，这些问题解决不了，不是就搁在那里了吗？

最近国外有 2 个项目按领导要求成立督导组。我给有关同志提醒注意，第一，签订了协议是要认真执行的，要讲信誉。一定要把责任明确了，时间节点明确了，一定要注意外国的国情和我国的国情不一样，这样你才能看到问题，才能解决问题，才能推进问题的解决。你不能用国内的方法去看待和解决问题。第二，还有外国势力在给你使绊儿！它主要在造价上给你使绊子，在技术上造你的谣。现在国际上大国之间在政治上的斗争也反映到铁路走出去的角力上。所以我说要把问题想得多一些，把工作做得扎实一些。一定要发挥我们的优势，把工作做踏实，一步一步地走。

十一、我的人生体验

　　我 1966 年在唐院完成了 5 年大学学业,但因"文化大革命",等待分配留校 2 年。后来告诉我们,那 2 年也算工作经历。到 2013 年离开工作岗位,办理了退休手续,有 47 年的时间了。但我退下来这几年还一直在做一些具体事情,组织编写了《京沪高速铁路建设总结》,还负责詹天佑科学发展基金会的工作等。这就实现了在大学读书时,国家向我们提出来的为党健康地工作 50 年的目标,到今年(2016 年)正好 50 年。

　　说到我的小家庭,那是我在工作后以后的事。上学期间,当年学校是不准谈恋爱的,我作为班干部,当然要带头执行。退一步讲,我那时的家庭情况也不允许谈恋爱。一直到大学毕业分配后,去单位报到时路过家里,见到高中时的几位老同学,他们都已结婚生子,非要给我介绍女朋友。我爱人那时高中毕业也是等待离校。我俩见面后,第一印象都感觉对方各方面条件不错。但我在家的时间很短,包括因暴雨铁路断道,在家也只待了 10 来天。我们见了几次面,也只是交换了通信地址,谈了各自的情况、个人的理想志愿,连场电影都没有一起去看过。我到单位报到后不久，她就写信告诉我，被安排参加当时的整党工作，后来当了初中数学教师。以后一年多的时间里我们只有书信来往交流，谈谈思想、聊聊工作，介绍自己单位发生的事情等。通过这些书信也进一步加深了我们之间的了解，增加了我们的感情。一直到 1969 年 11 月，我们单位由贵州 2208 线工地搬迁到河南洛阳的焦枝线龙门隧道工地上，我才请了个假，在单位开了身份证明，抽空（那时实习生是要到第三年才有探亲假）回了一趟家，领了结婚证。

婚后，我们生了一子一女，因分居两地，而且我们工程单位经常搬迁，她生孩子时，我都没能回家照顾她。我母亲去世早，她父亲去世更早，双方在世老人也都 70 多岁了。所以一直是她一个人一边教书，一边带孩子。到 1980 年年底，在工程局和工程处领导的关怀下，才把她调到我们工程处教育科工作。虽然解决了长期两地分居的问题，但由于工程单位工地搬迁和我们工作的调动，儿子小学转了 4 次学、上了 5 所学校；女儿小学转了 3 次学，上了 4 所学校。所以，他们为了我的工作也作出了牺牲。

我刚才说，我从技术人员走上领导岗位，那是党的需要。一个人，当没有什么过分要求的时候，不去追求名利的时候，你就能够超脱，就能老老实实做工作，这就是我的一个重要感悟。

提拔我任副段长、段长、副处长、局长助理、副局长，包括到部任政治部副主任职位上，在职务变动之前，我自己没有任何预感，组织上找我谈话、宣布后我才知道。这是组织看得上我，认为我还能做一些事情，这也完全是党的培养。如果没有共产党，没有中华人民共和国，我上不了学，最起码在我这一代上不了大学，也许要等我的下一代。我上学是中华人民共和国成立了，家里分了地，有饭吃了这才去上的学。

我上学，从中学到大学，完全是靠助学金。中学的助学金少，叫助学补助。到大学，完全是靠国家的助学金。我上大学的时候，家里没有给我寄过钱，全是党和国家的助学金帮我完成了学业。就我而言，上学也好，走上领导岗位也好，那都是党的培养教育，所以我要感谢共产党、毛主席，感谢国家，我永远不能忘记共产党、毛主席的恩情。我认为，一个人必须要懂得感恩。

任何人在前进的道路中不可能没有别人的帮助，单靠你单打独斗是不可能的。好花需要绿叶扶持，没有组织上发现你，重视你，用你，没有大家支持你，你根本不可能做成工作。所以说，年轻人也好，年老的也好，都要有一种感恩的思想。但是感恩的思想只是简单朴素的感情，关键是要上升到自觉服务社会，从感恩到自觉，自觉去为祖国、为人民做事情。

我一直没有忘记我老父亲，一个老农民，给我讲的2句话，一句是"人做事要凭良心""做事要实，做人要诚"；一句是"吃亏人常在，能忍自安"。我一直认为做事情，干工作要实实在在，别玩花里胡哨的。待人接物要有一片诚心，天长日久，大家才会相信你。社会很复杂，什么样的人都有，但我相信好人多，只要你真诚待人，老实做人，归根到底不会吃亏。不论干什么事情，在什么岗位，能以诚待人，以实做事，大家才会与你交往，你才会有朋友。你当领导，要勇于承担责任，大家才会听你的，才会真心支持你，拥护你。就是工作出现了失误，也千万不要推卸责任，大家才会给你补台。我自1975年从当副段长做起，一直到2013年办理了退休手续，从没有当过段、处、局的先进，更没有当过部一级的什么模范。我认为你当领导，这就是组织的信任和奖励，你在领导岗位应承担更多更大的责任，单位出了成绩与你的组织领导分不开，但那是大家齐心协力干出来的，提拔你担重任就是最大的荣誉和奖励。我这一生只有一次走上领奖台，并且是国家最高的领奖台，就是在今年 1 月 8 日国家召开的 2015 年度科技奖励大会上，京沪高速铁路获得科技进步特等奖。我虽然已办理了退休手续，但作为高速铁路的建设者代表，我登上了人民大会堂的主席台，接受了党和国家领导人颁发的奖状。会后我怀着激动的心情写了一首小诗登在《人民铁道》上。

我站在领奖台上

我，
曾任过铁路系统的各级职务，
给段"五好职工"发过先进奖状，
给处先进集体颁过光荣证书，
与局级模范座谈、留念，
与部级劳模合影、祝福。

今天，
在 2015 年度国家科学技术奖励大会上，
在庄严的人民大会堂，
作为京沪高速铁路工程的获奖代表，
我荣幸地登上了领奖台，
从党和国家领导人手中接过大红的荣誉证书。

18 年，
铁路科技工作者不懈奋斗，
1200 个昼夜，
十几万建设者拼搏付出，
京沪高速铁路工程荣获国家科技进步特等奖，
这是党和国家对铁路工作的褒奖，更是鼓舞、督促！

百年历史的中国铁路，
在全面建成小康社会、实现中国梦中如何迈步？
学习先进、敢于创新才有出路。

从广深准高速探索到全路干线提速，
从中国第一条客运专线——秦沈线修建到京津城际 350 公
里时速，
我们一直在努力，我们一直奋斗在攀登的征途！

修建京沪高速铁路是我们的梦想，
勇攀科技高峰、追求世界一流，我们全身心投入，
制定标准规范、建立中国特色技术体系，
既善于学习、更敢于跨越，迈出新的一步！
不但使"千里京沪一日还"，
而且我们创造出了运营动车组的中国速度！（486.1 公里/
小时）

我站在领奖台上，
紧握着领导的手，心潮澎湃，思路起伏：

大学毕业 50 年，一直没有离开铁路。
京沪高速铁路工程获此殊荣，
作为一生工作的重要节点，
吾心已足！

实力已经证明，技术已经成熟，
中国铁路人，
把成绩作起点，把奖励作鼓舞，
建设完善的中国铁路网，为实现伟大的中国梦做好服务！
演出更辉煌的一幕！

如诗中所言，以京沪高速铁路为代表，中国的高铁技术已经成功走完了学习、创新的过程，中国的高铁技术已成熟！吾心足矣！

现在的年轻人接触的新知识多，头脑灵活，反应快，喜欢比较，这本是他们的优点。但是如果不深入，不全面，就难免失之偏颇，在工作中就易出现浮躁情绪。现在社会上还有一些不良现象，确实我们国家与发达国家相比还有差距，不少人总是以人之长比己之短，然后牢骚话乱飞。在我家里，一家人在一起的时候，孩子们也会发发牢骚，说些埋怨话，拿我们负面的东西与发达国家比。我就对他们说，咱家乡有一句土话"子不嫌母丑，狗不嫌家贫"，咱们是中国人，这是咱自己的家，你有本事，你去改变那些不好的东西，为中国人民造福。我说，你要是没有这个能耐，就老老实实地做好你现在的工作，别一天到晚站那儿批评这，批评那，把自己当成旁观者，实际你现在是享受者。大家都应当做建设者，当劳动者，去创造财富，逐渐改变中国的面貌。议论这议论那，不如从自己做起，从小事做起，从现在做起。所以我给孩子们的要求就是从自己做起。

从我的工作经历回过头来看，还有一个体会，就是做事要讲"认真"。毛主席说："世界上最怕'认真'二字，共产党最讲认真。"我当技术员时就有这方面的经验和教训。我 1970 年刚当技术员的时候就发生了这样一件事：当年修焦枝线打龙门隧道时，我任隧道出口的技术员，下导坑一打通，由于工期要求紧，就要求扩大工作面，从隧道中间的下导坑向上挑顶，一直挑到隧道的设计高度，然后从上部沿隧道中线向两边打上导坑并扩大开挖隧道拱部。挑顶、打上导坑和拱部扩大，测量工作都没有错误。拱部扩大成型几十米后需要立模灌注混凝土，做永久支护，我们技术组的同志又做了立模的中线和水准测量，并交给了木工班的师傅。待拱架立好、拱脚的模板都已装好，去检查时，我总觉得有点不放心。我就给段里的主管工程师张文成说："张工，你帮我复测一下。"这个同志现在已经去世了，是一个很认真的同志，他是中专毕业，我们俩关系很好，我请他复核。他说："老蔡，你办事我放心。"因为他知道我做事还是比较严谨的，但是我觉得复核一下比较好，万一有事情怎么办呢？尽管标高我与测工测了 2 遍，我说你最好去复核一下。在我再三要求下，他去帮我复核了，结果是中线无误，但拱架标高低了 20 厘米。

最后，我对照查找了原来的测量记录，因为从下导向上导翻水平的时候，不是现在的激光自动仪器，是用 5 米伸缩塔尺从下向上翻，需先正塔尺，再倒塔尺。就在向上导翻的一个节点上，倒塔尺时大头向上，小头向下，中间缩进去 20 厘米。

幸好还没打混凝土，赶快请木工把拱架抬高，这才保证没出现错误。

这一次给我的教训特别深。我说做事情一定要建立复核制度，人不容易发现自己的问题。所以这就是复核制度的重要性。

一个技术人员也好、领导干部也好，做事必须认真，要努力做好你负责的每一项工作。因为我刚当技术员的时候，老技术员们就给我说，做技术工作不允许出错，必须100%正确，即使全部工作只出1%的错误，对于这项工程就是100%的错误，就要造成损失，这个损失有时候是无法弥补的。所以，100%的正确是咱们的责任。99%，那是不允许的。考试可以得90分，但是在技术上必须要得满分。做工程也好，做任何工作也好，都要对国家负责，对人民负责，对历史负责！

现在一些年轻人走上社会，有一股浮躁情绪，这不好，一定要克服浮躁思想。从基层做起，像建高楼一样，基础打牢了，才能保证高楼的坚固。基层工作经验丰富了，才能从事大事业。否则连基层工作都不愿做或做不好，怎么能成就一番事业呢！

结束语

　　我是一个贫苦农民的孩子，从农村走出来，上了小学、中学，上了大学。做技术工作，走上领导岗位。上了 17 年学，到今年（2016 年）工作了 50 年。从学铁路、修铁路，到铁路的管理者，最后组织修建了在全国和世界都闻名的京沪高速铁路，我的工作经历也在这里画上一个句号。我一直抱着对党、对祖国的感恩之情，不忘父辈对我的要求，努力学习，认真做事。回首过去，我感到自己没有虚度年华。始终不敢忘记党的教诲，牢记自己是一名共产党员，为国家、为人民努力做好工作。在这里，我还不能忘记，无论我从事技术工作、基层管理工作，还是来部里做政治工作和领导工作，都得到了我的老领导和一起共事的同志们多方面的支持和帮助。我能够顺利地走上领导岗位，与我的领导、同事、同志的帮助是分不开的。我忘不了我的老师，我的领导，我的同事。

　　相信党，相信群众的大多数，努力做一个合格的共产党员，这就是我的人生座右铭。

后　记

在中国，高速铁路已经改变了社会生产方式和人们的生活方式，也让铁路这个在世界早已步入夕阳产业行列的行业重新焕发出青春活力。中国已经成为名副其实的铁路大国和铁路强国。而这种铁路大国和铁路强国地位的铸就，依靠党的英明领导，更有赖于千千万万铁路人几十年如一日的奋斗。

蔡老就是一位为中国铁路建设奋斗一生的铁路人。他就读于铁路高校——唐山铁道学院（今西南交通大学），毕业后从基层做起，先后当过段技术员、副段长、段长、副处长、局长助理、副局长，再到铁道部当政治部副主任、铁路局党委书记、政治部主任，再任铁道部副部长、京沪高速铁路董事长，是一位从基层成长起来的原铁道部领导，也是一位集铁路建设者、技术专家、管理者、决策者于一身的铁路人。从业 50 年来，蔡老不仅参与了多条普速铁路线的修筑、管理，而且也全程见证和参与了中国高速铁路的酝酿决策和修筑、运营，是一位经历丰富而精彩的铁路人。

西南交通大学铁路史研究团队，不仅从事铁路史研究，也利用学校的优势做铁路建设者口述。在我们的再三恳求之下，蔡老接受了我们的访谈，成为我们口述史访谈的第一人。蔡老性格耿直、爽朗，为人亲和，很让我们喜欢、敬佩。在口述过程中，蔡老非常配合，知无不言，娓娓道来，说到精彩处拍案而起，说到伤心处亦神情黯然。蔡老对他的铁路人生的讲述，给予了我们丰富而深刻的人生启迪。我们相信，所有看到这本口述的人，都能感同身受。

在口述整理的过程中，蔡老不厌其烦，多次亲自修改，北京铁路局蔡丰祥同志提供了非常大的帮助，西南交通大学原党委副书记何云庵教授关心、督促口述进展，博士研究生曲成举同学也参与了口述整理，中铁隆工程集团有限公司董事长张伟瑄亦予以了大力支持。在此一一拜谢！

田永秀于西南交通大学蓉杏园

2018 年 7 月